Tessloffs
Enzyklopädie

Jesus

LOIS ROCK

Tessloff Verlag

Bildnachweise

Inhalt

1 Jesus – eine Einführung

Schlag nach

Der Name und die Abstammung Jesu:
Matthäus 1; Lukas 1–2

Römische Herrscher zur Zeit Jesu:
Matthäus 2, 14, 27; Markus 6, 15; Lukas 1, 2, 3, 9, 23; Johannes 18, 19

Christus

Der Beiname „Christus", mit dem Jesus häufig bezeichnet wird, kommt aus dem Griechischen. Als die ersten Berichte über Jesus von seinem Heimatland aus im römischen Reich verbreitet wurden, war das Griechische die in vielen Ländern allgemein gebräuchliche Sprache. Allerdings ist das Wort „Christus" eine Übersetzung eines hebräischen Begriffes, der sich in den heiligen Schriften von Jesu Volk findet. Der Begriff lautet „Messias", und auch die Christen sagen, dass Jesus der Messias ist.

Eines der frühesten Bilder von Jesus, entstanden etwa dreihundert Jahre nach seinem Tod

Jesus ist die zentrale Gestalt einer der großen Weltreligionen: des Christentums. Die Anhänger Jesu nennt man Christen.

Die Begriffe „Christentum" und „Christ" leiten sich von dem Wort „Christus" her, dem Beinamen, der am häufigsten mit Jesus in Verbindung gebracht wird: „Jesus Christus". Diese Anrede bedeutet „der Gesalbte". Das Salben gehörte zu der Zeremonie, mit der ein Mensch zum König gemacht wurde. Die Anhänger Jesu glauben, dass Jesus Gottes König ist.

Jesus lebte vor ungefähr zweitausend Jahren. Er war Angehöriger eines Volkes, das sich selbst als Gottes auserwähltes Volk betrachtete. Vor langer Zeit war es unter dem Namen Volk Israel bekannt gewesen, doch zu Lebzeiten Jesu bezeichnete man es allgemein als die Juden. Jesus lebte in einer Region am Ostrand des Mittelmeers, dort, wo sein Volk schon seit Jahrhunderten ansässig war. Zur Zeit Jesu gehörte das Gebiet zum römischen Reich.

Diese Abbildung zeigt Menschen aus Galiläa, die vor einer Gruppe römischer Soldaten weglaufen. Die Einheimischen waren den römischen Soldaten zu unbedingtem Gehorsam verpflichtet. So konnte ein Soldat zum Beispiel einen Passanten zwingen, für ihn sein schweres Gepäck kilometerweit zu schleppen.

Zur Zeit Jesu gehörten viele an das Mittelmeer grenzende Länder zum römischen Reich. Der Kaiser regierte von der Hauptstadt Rom aus. Die Verwaltung der kleineren Gebiete erfolgte durch nachgeordnete Beamte. Bei Jesu Geburt war König Herodes der von den Römern gestützte Herrscher im jüdischen Staat. Jahre später, als Jesus starb, fungierte Pontius Pilatus als römischer Statthalter.

Zeichenerklärung:
Ausdehnung des römischen Reiches zur Zeit Jesu

Rom

MITTELMEER

Jerusalem

Jesus wurde nie zum König gekrönt. Zu seinen Lebzeiten hegten einige seiner Anhänger die Hoffnung, dass er vielleicht versuchen würde, den Herrschern die Macht über das Land zu entreißen, doch dafür kämpfte Jesus nicht. Bei seinen Zeitgenossen war er berühmt dafür, dass er in den Städten und Dörfern seiner Heimat Galiläa und weiter entfernt in der Hauptstadt seines Volkes, Jerusalem, lehrte und von Gott predigte.

Die Lehren Jesu stießen bei manchen Menschen auf große Resonanz, so vor allem bei den Armen und den Ausgestoßenen. Die religiösen Führer jedoch verunsicherte das, was Jesus sagte. Einige von ihnen befürchteten, seine Lehren wären falsch und seine Beliebtheit könnte zu einer Gefahr werden. Am Ende fühlten sie sich so sehr bedroht, dass sie ein Komplott schmiedeten, um ihn hinrichten zu lassen.

Doch die Anhänger Jesu verbreiteten seine Lehren auch weiterhin. Was sie von ihm berichteten, rief eine neue Bewegung ins Leben, zuerst unter den Juden, dann auch unter den Nichtjuden.

Diese Bewegung stand am Beginn des Christentums, einer Religion, die die Geschichte der vergangenen zweitausend Jahre wesentlich geprägt und sich dabei über die ganze Welt ausgebreitet hat.

Kaiser Augustus in militärischer Rüstung. Er regierte während der ersten Hälfte der Lebenszeit Jesu.

Im Jahr des Herrn

Der von Jesus begründete christliche Glaube hat die Geschichte nachhaltig beeinflusst. Während der ersten fünfzehn Jahrhunderte war sein Einfluss vor allem für Länder in Europa von Bedeutung. Wie groß dieser Einfluss war, zeigt sich auch an unserem Kalender, der Zeit immer noch von Christi Geburt an misst.

Manchmal sieht man die Buchstaben AD vor einer Jahresangabe. Sie stehen für die lateinischen Wörter Anno Domini; das bedeutet: „im Jahr des Herrn" und bezieht sich auf Jesus Christus. Steht nach einer Jahresangabe die Abkürzung „v. Chr.", dann bedeutet das, es handelt sich um einen Zeitpunkt vor Christi − d.h. Jesu Geburt; heißt es „n. Chr.", so ist ein Jahr nach Christi Geburt gemeint.

Andere Religionen und Kulturen besitzen ihre eigenen Kalender, doch der in Europa entstandene Kalender ist überall auf der Welt verbreitet.

Die Buchstaben AD vor einer Jahresangabe verweisen deutlich sichtbar auf die Verbindung zwischen dem Christentum und unserem Kalender. Diese Inschrift befindet sich an einer Kapelle in Wales, Großbritannien.

2 Woher stammt unser Wissen über Jesus?

Schlag nach

Woher stammt unser Wissen über Jesus?
Lukas 1; Johannes 20, 21

Dieses Papyrusfragment in griechischer Schrift ist der älteste heute bekannte Evangelientext (es stammt aus der ersten Hälfte des zweiten Jahrhunderts n. Chr.). Es handelt sich um Verse aus dem Johannesevangelium.

Evangelien und Evangelisten

Die Bücher von Matthäus, Markus, Lukas und Johannes werden die Evangelien genannt. Heute bilden sie einen Teil der christlichen Bibel. Sie sind die ersten vier Bücher des Abschnitts, den die Christen als das Neue Testament bezeichnen.

Das Wort „Evangelium" kommt aus dem Griechischen und bedeutet „gute Nachricht". Davon abgeleitet nennt man die Verfasser der vier Bücher die Evangelisten.

Von Beginn an verbreitete sich die Kunde von Jesus und seiner Botschaft mit großer Geschwindigkeit. Was Jesus gesagt und getan hatte, versetzte die Menschen in Erstaunen. Sie mussten immer wieder darüber sprechen. Als Jesus gestorben war, gingen seine Anhänger ins Land hinaus und sprachen zu allen Menschen, denen sie auf der Straße, auf dem Marktplatz und an anderen Orten begegneten. Im Laufe der Zeit begannen dann einige Anhänger Jesu, das aufzuschreiben, was sie von ihm wussten und über ihn erfahren hatten. Zum Teil sind die Inhalte dieser Aufzeichnungen bis heute erhalten geblieben. Von diesen Schriften sind die Berichte über das Leben Jesu für die Christen am wichtigsten.

Markus

Schon bald nach Jesu Tod, so nimmt man an, wurde damit begonnen, seine Geschichte aufzuschreiben. Die älteste heute noch erhaltene Aufzeichnung wird dem Markus zugeschrieben. Aus alten Überlieferungen geht hervor, dass es sich bei dem Verfasser um Johannes Markus handeln soll. Dieser reiste mit seinen Anhängern in viele Länder des römischen Reiches und verbreitete dort die Botschaft von Jesus.

Markus

Matthäus und Lukas

Es gibt zwei weitere Aufzeichnungen. Sie werden Matthäus und Lukas zugeschrieben. Bei diesen beiden Verfassern finden sich viele Geschichten, von denen auch Markus berichtet – mitunter im gleichen Wortlaut. Es wird vielfach angenommen, dass beide Autoren den Bericht des Markus als Hilfsquelle benutzt haben. Bei Matthäus und Lukas gibt es außerdem noch einige weitere Erzählungen, die sich sehr ähneln. Wissenschaftler sind der Meinung, dass sie vermutlich eine weitere Sammlung, die so genannte „Logienquelle Q", ihren Schriften zugrunde gelegt haben.

Matthäus

Bei Matthäus und bei Lukas gibt es zudem noch ein einige Erzählungen, die ausschließlich bei ihnen vorkommen. Lukas hat später noch ein zweites Buch geschrieben, das davon handelt, was Jesu Anhänger nach dessen Tod getan haben. Es trägt den Titel *Die Apostelgeschichte*.

Lukas

Johannes

Es gibt einen vierten grundlegenden Bericht, der sich aber erheblich von den drei anderen unterscheidet. Es ist der Bericht des Johannes. Nach alter Überlieferung handelt es sich hierbei um den Johannes, der ein Jünger Jesu war und ihn aus den drei Jahren seiner Predigttätigkeit kannte.

Johannes beim Diktieren seines Evangeliums

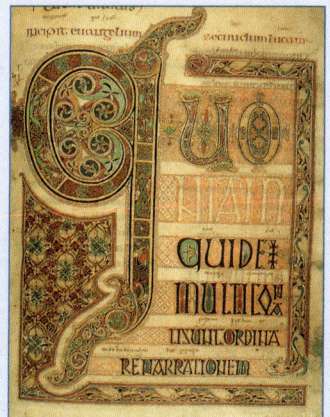

Das Evangeliar von Lindisfarne ist einer der kostbarsten Schätze des christlichen Glaubens. Diese Ausgabe der Vulgata mit ihren aufwändigen Beschriftungen und Verzierungen wurde zwischen 715 und 720 von Mönchen angefertigt, die auf der Insel Lindisfarne vor der Nordostküste Englands lebten.

✠ Gute Nachricht für alle Menschen

Seit der Zeit, als die Christen damit begonnen haben, die Schriften über das Leben Jesu zu sammeln, werden die Evangelien besonders hoch geschätzt.

Ursprünglich waren die Evangelien in griechischer Sprache verfasst, doch wurden sie, zusammen mit anderen Büchern der Bibel, schon bald in andere Sprachen übersetzt: Die Christen in den verschiedenen Ländern wollten die Geschichten über Jesus in ihren eigenen Sprachen hören.

Eine der frühesten Übersetzungen war die ins Koptische, eine Form des Alt-Ägyptischen. Die koptische Bibel wird auch heute noch in den koptischen Kirchen Nordwestafrikas benutzt. Auch ins Alt-Syrische gab es eine Übersetzung. Diese Sprache war mit dem Aramäischen verwandt, der Sprache, die Jesus vermutlich gesprochen hat. Die syrische Übersetzung, die Peschittha, wird noch immer von Christen in Syrien, im Iran und in Indien benutzt. Darüber hinaus wird sie von einer der christlichen Gruppen verwendet, die sich um die Grabeskirche in Jerusalem kümmern. Viele Christen aus der ganzen Welt versammeln sich, wenn aus ihr vorgelesen wird. Das gibt ihnen Gelegenheit, die Worte Jesu in einer Form zu hören, die seinen eigenen Worten ähnelt.

Als im Jahr 312 das Christentum im römischen Reich zur Staatsreligion erklärt worden war, wurde eine zuverlässige Übersetzung der Bibel ins Lateinische zunehmend wichtiger. Ein Mönch namens Hieronymus machte sich im Jahr 384 an diese Arbeit. Seine Übersetzung, die man die Vulgata nennt, wurde für die folgenden tausend Jahre in den westlichen Kirchen zur wichtigsten Bibelausgabe. Um die Zeit des fünften bis sechsten Jahrhunderts wurde eine weitere Übersetzung erstellt, nämlich ins Alt-Slawische. Sie wurde die offizielle Bibel der russisch-orthodoxen Kirche des Ostens.

Im Mittelalter zeigten christliche Mönche in Europa, wie viel ihnen die Bibel bedeutete, indem sie prachtvoll verzierte Ausgaben herstellten, in der Regel unter Verwendung der Vulgata. Die Bibel vollständig mit der Hand abzuschreiben war eine langwierige Arbeit. Deshalb beschränkte man sich beim Kopieren mitunter auf die Evangelien.

Bis auf den heutigen Tag gibt es Christen, die ihren Glauben in die Welt hinaustragen und die Bibel in die jeweilige Landessprache übersetzen möchten. Sie beginnen dann meist mit der Übersetzung der Evangelien. Wenn man die vier Evangelien druckt, ergeben sie ein dünnes Buch, dessen Herstellung eigentlich nicht viel kostet – man kann es preiswert verkaufen oder auch verschenken.

Warum über Jesus schreiben?

Die Anhänger Jesu hatten mehrere Gründe, das aufzuschreiben, was sie von ihm wussten:

• Diejenigen, die Jesus persönlich gekannt hatten, wurden langsam alt. Ihre Erinnerungen durften nicht in Vergessenheit geraten.

• Die Botschaft verbreitete sich immer weiter. Den neuen christlichen Gruppen konnte man dann einfach schriftliche Berichte zukommen lassen, damit sie so mehr über ihren neuen Glauben erfuhren.

• Schriftliche Berichte konnte man auch heimlich lesen. Da es in der Frühzeit des Christentums gegen das Gesetz verstieß, Christ zu sein, bedeutete dies einen großen Vorteil.

Jesus in der Geschichtsschreibung

Es gibt noch andere frühe Schriften, die von Jesus berichten. Zusammen mit den Schriften des Neuen Testaments führen sie einen überzeugenden Beweis dafür, dass Jesus wirklich lebte, viele Anhänger hatte und auf Befehl des römischen Statthalters Pontius Pilatus hingerichtet wurde. In einer Geschichte des Judentums, die ein Mann mit Namen Flavius Josephus nicht lange nach Jesu Tod verfasste, steht Folgendes geschrieben:

Um diese Zeit lebte Jesus, ein weiser Mensch, denn er tat große Wunder. Viele zog er in seinen Bann. Als Pilatus ihn, auf Betreiben der führenden Männer unseres Volkes, zum Tod am Kreuz verurteilte, wandten sich seine früheren Anhänger nicht von ihm ab. Und das Volk der Christen, das seinen Namen von ihm ableitet, besteht auch heute noch.

Jüdische Altertümer 18,63-64

3 🌴 Das jüdische Volk

Schlag nach

Das jüdische Volk:
*Die jüdischen heiligen Schriften –
das Alte Testament*

Wer ist Gott?
Psalm 115

Die Heilige Schrift

Die heiligen Schriften der Juden berichteten von den bedeutenden Abkommen beziehungsweise Bünden, die Gott mit dem jüdischen Volk geschlossen hat, darunter die mit Abraham und mit Mose. Ein anderes Wort, das die gleiche Bedeutung hat wie Vertrag oder Bund, ist Testament. Die Christen sprechen von den heiligen Schriften der Juden als dem Alten Testament. Diese bilden den ersten Teil der christlichen Bibel.

Die Christen glauben, dass Jesus durch seinen Tod einen neuen Bund zwischen Gott und den Menschen gestiftet hat. Sie bezeichnen die Sammlung von Schriften, in denen von Jesus und seinen Anhängern die Rede ist, als das Neue Testament. Das ist der zweite Teil der christlichen Bibel.

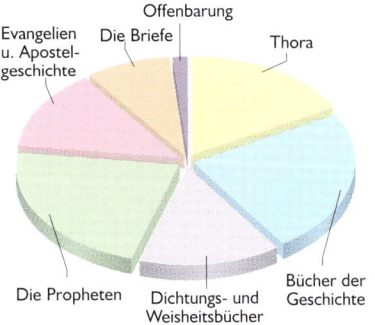

Dieses Schaubild zeigt, welchen Anteil die verschiedenen Schriften an der Bibel haben. Die Evangelien, Apostelgeschichte, Briefe und Offenbarung gehören zum Neuen Testament. Die übrigen Bücher gehören zum Alten Testament.

Das Volk, dem Jesus angehörte, war das Volk der Juden. Die antiken Schriften der Juden lassen ihr wachsendes Vertrauen auf Gott erkennen.

Das Volk Israel

Die Juden führen ihren Ursprung als Volk auf einen Mann namens Abraham zurück. Die Geschichten über ihn sind in der Bronzezeit angesiedelt, möglicherweise nicht weniger als zweitausend Jahre vor Jesus. Die Schriften berichten, dass Gott mit Abraham ein Abkommen traf: Gott wollte ihm ein Land schenken, in dem seine Nachkommen zu einem bedeutenden Volk werden würden. Abrahams Volk sollte Gott achten, dafür wollte Gott für die Menschen sorgen und durch sie der ganzen Welt seinen Segen zuteil werden lassen. Dieses Abkommen wurde an Abrahams Nachkommen weitergegeben, so auch an dessen Enkel Jakob, der später den Namen Israel erhielt.

Diese antike Grabmalerei aus Ägypten zeigt einen Clan semitischer Händler – Menschen aus derselben Volksgruppe wie Abraham und seine Nachkommen. Die Menschen, von denen die biblischen Geschichten aus dieser Zeit berichten, trugen vermutlich eine ähnlich leuchtend gemusterterte Kleidung.

Das Buch Mose

Hunderte von Jahren vergingen. Inzwischen lebten die Menschen des Volkes Israel als Sklaven in Ägypten. Gott wählte einen Mann aus, der sie erretten sollte. Es war Mose, der sie zurück in ihre alte Heimat in die Freiheit führte. Durch Mose gab Gott den Menschen die Gesetze, nach denen sie leben sollten. Die frühen Geschichten über das Volk Israel und das Gesetz des Mose finden sich in den fünf Büchern der Thora.

Könige

In seinem neu gewonnenen Land musste sich das Volk Israel vieler Feinde erwehren. Mit Gottes Hilfe wählte es schließlich Könige, mit denen es die Freiheit erreichen wollte. Die beiden ersten Könige – Saul und David – befreiten das Land. Der dritte, Salomo, machte es mächtig und reich. Er ließ den ersten Tempel in der neu eroberten Stadt Jerusalem erbauen.

Die Geschichtsbücher des Alten Testaments erzählen von diesen Königen. Von den Tagen Salomos an wurden auch Bücher mit Gedichten und weisen Sprüchen verfasst, so zum Beispiel die Psalmen, die zum Tempelgebet verwendet wurden.

Dieses assyrische Relief zeigt die Niederlage der Stadt Lachisch im Jahr 701 v. Chr. Lachisch war eine der Städte im südlichen Königreich Juda. Die Israeliten fertigten von sich keine Bilder, da sie überzeugt waren, dass Gottes Gesetze dies untersagten. Dies ist also eine der wenigen Abbildungen eines biblischen Geschehens.

Propheten

Nach Ende der Herrschaft Salomos spaltete sich das Königreich in einen Nordteil und einen Südteil. Die Menschen im Norden standen nicht in Treue fest zu Gott, ungeachtet der Warnungen der Propheten. Wenige Jahrhunderte später wurden sie von den Assyrern vernichtet.

In den Jahren, als die Assyrer das Volk Israel bedrohten, brachte König Jehu dem assyrischen Herrscher Salmanassar wertvolle Geschenke. Dieses Relief zeigt Jehu, wie er sich tief verbeugt.

Im Süden, in der Region um Jerusalem herum, zeigten die Menschen größere Beständigkeit. Auch sie hatten Propheten, die ihnen Beistand gaben. So überstanden sie Kriege mit den Assyrern. Später wurden sie allerdings von den Babyloniern besiegt. Der Tempel wurde zerstört, und viele von ihnen wurden nach Babylon umgesiedelt. Die Bücher der Propheten geben einen Kommentar zu diesen Geschehnissen.

Hoffnung auf einen König

Die Propheten gaben den Menschen auch Hoffnung: Eines Tages, so glaubten sie, werde Gott einen neuen König schicken – einen Messias, so wie David –, um sie zu erlösen.

Als die Babylonier von den Persern besiegt worden waren, gab man den Juden die Erlaubnis, nach Hause zurückzukehren, und sie bauten einen neuen Tempel. Eifriger als je zuvor machten sie sich daran, ihre heiligen Schriften zu studieren. Als sie dann von den Griechen und später von den Römern unterworfen wurden, wuchs ihre Hoffnung auf einen Messias immer mehr.

Wer ist Gott?

Christen und Juden glauben an denselben Gott, an den, von dem im Alten Testament und auch in den Worten Jesu – der ja selber ein Jude war – die Rede ist.

Es folgen einige Zeilen aus den Psalmen – dem Gesangbuch des Alten Testaments –, die von Gott erzählen. Er, so glaubten die Juden, hatte den Himmel und die Erde erschaffen und war der einzig wahre Gott.

Nicht uns, Herr, nicht uns – nein, deinen Namen bringe zu Ehren! Wir wissen doch, dass du gütig und treu bist!

Volk Israel, vertrau dem Herrn! Er ist deine Hilfe und dein Schutz.

Ihr alle, die ihr ihn verehrt, vertraut dem Herrn! Er ist eure Hilfe und euer Schutz.

Der Herr denkt an uns und will uns segnen. Er segne ganz Israel! Er segne die Priester! Er segne alle, die ihn verehren, Niedrige und Hohe miteinander!

Glück und Gelingen gebe euch der Herr, der Himmel und Erde geschaffen hat!

Psalm 115,1.9.11-13.15

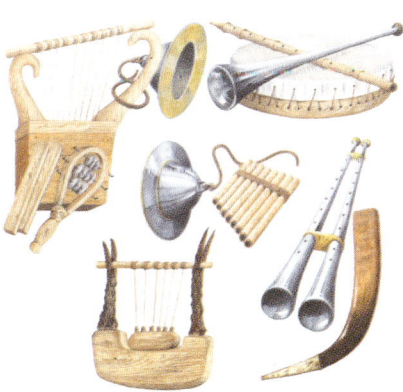

Mit Instrumenten wie diesen wurden die Psalmgesänge beim Tempelgebet begleitet. Die Musik war oft geräuschvoll und überschwänglich.

4   Der jüdische Glaube zur Zeit Jesu

Schlag nach

Der Tempel:
*Exodus 25–27, 30, 33, 35–40;
1 Könige 5–8; 2 Könige 25*

Passa:
*Exodus 12; Levitikus 23; Numeri 28;
Deuteronomium 16*

Zur Zeit Jesu war der jüdische Glaube gut organisiert, und die religiösen Führer wachten sorgfältig darüber.

Der Tempel

Der Gottesdienst erfolgte im Wesentlichen durch religiöse Zeremonien im Tempel von Jerusalem. Der Tempel war nach dem gleichen Entwurf erbaut wie schon der erste Tempel in Jerusalem, den König Salomo in Auftrag gegeben hatte. Dieser erste Tempel war zerstört worden, als die Armeen Babylons das Land überfielen.

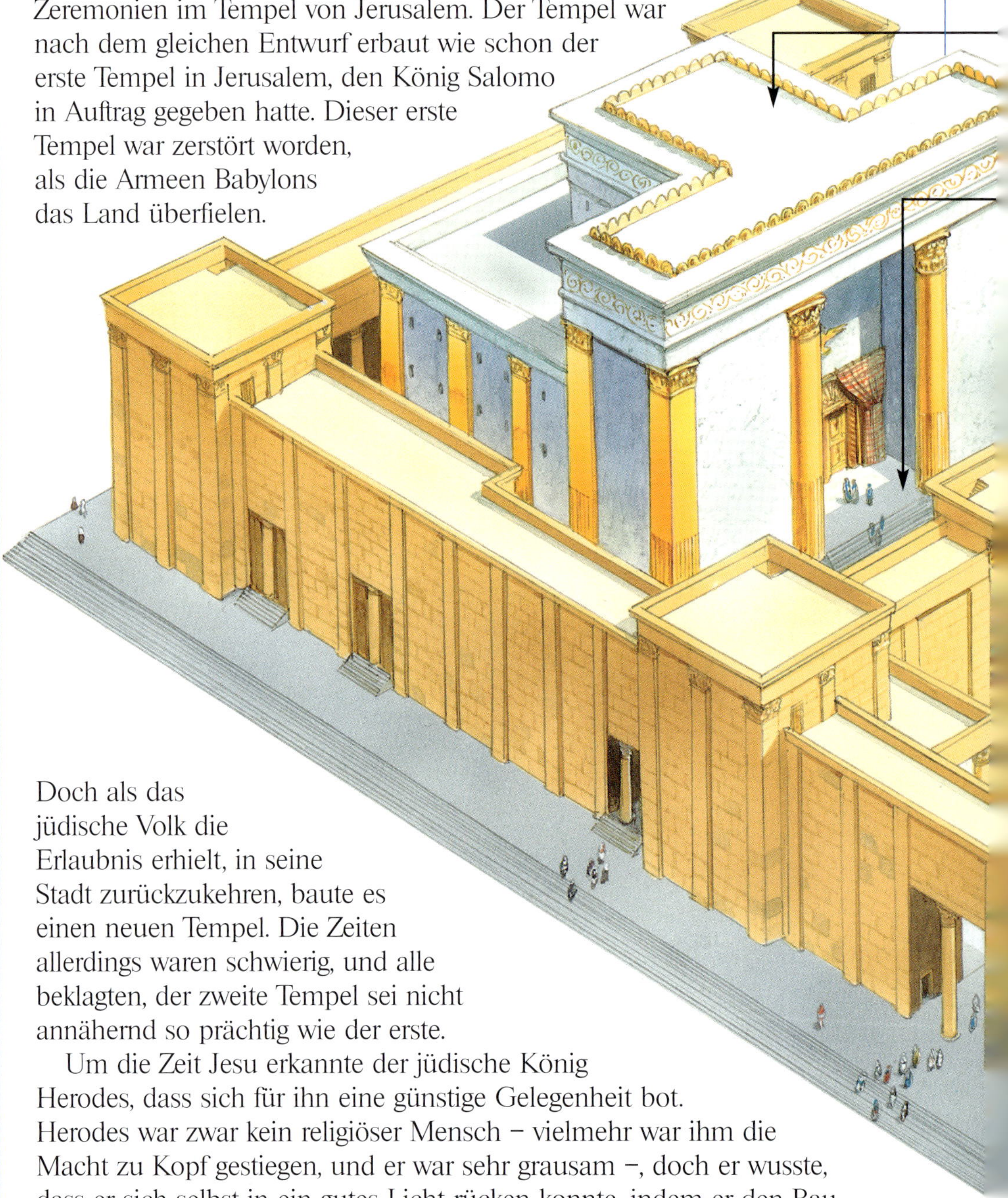

Die Geschichte des Tempels

Die Konstruktion des Tempels orientierte sich an den Weisungen, die Gott Mose gegeben hatte. Als das Volk auf dem Weg in das Land war, in dem es sich ansiedeln sollte, hatte Gott ihm aufgetragen, einen Ort des Gebetes zu schaffen, Tabernakel genannt. Es war ein kunstvoll gestaltetes Zelt, das man überall hin mitnehmen konnte.

Doch als das jüdische Volk die Erlaubnis erhielt, in seine Stadt zurückzukehren, baute es einen neuen Tempel. Die Zeiten allerdings waren schwierig, und alle beklagten, der zweite Tempel sei nicht annähernd so prächtig wie der erste.

Um die Zeit Jesu erkannte der jüdische König Herodes, dass sich für ihn eine günstige Gelegenheit bot. Herodes war zwar kein religiöser Mensch − vielmehr war ihm die Macht zu Kopf gestiegen, und er war sehr grausam −, doch er wusste, dass er sich selbst in ein gutes Licht rücken konnte, indem er den Bau eines prachtvollen neuen Tempels veranlasste.

Der Gottesdienst im Tempel

Im Tempel lag die Verantwortung für die religiösen Zeremonien in den Händen der Priester. Tag für Tag sorgten sie dafür, dass die Lampen im inneren Teil des Tempels leuchteten, und sie brannten süß riechenden Weihrauch ab. Weitere Würdenträger, Leviten genannt, halfen bei der Verwaltung des Tempels mit. Dazu gehörte es zum Beispiel sicherzustellen, dass die Pilger die Tiere kaufen konnten, die sie für ihr Opfer brauchten, und dass sie ihr Geld in die speziellen Münzen für die Begleichung der Tempelgebühr umtauschen konnten.

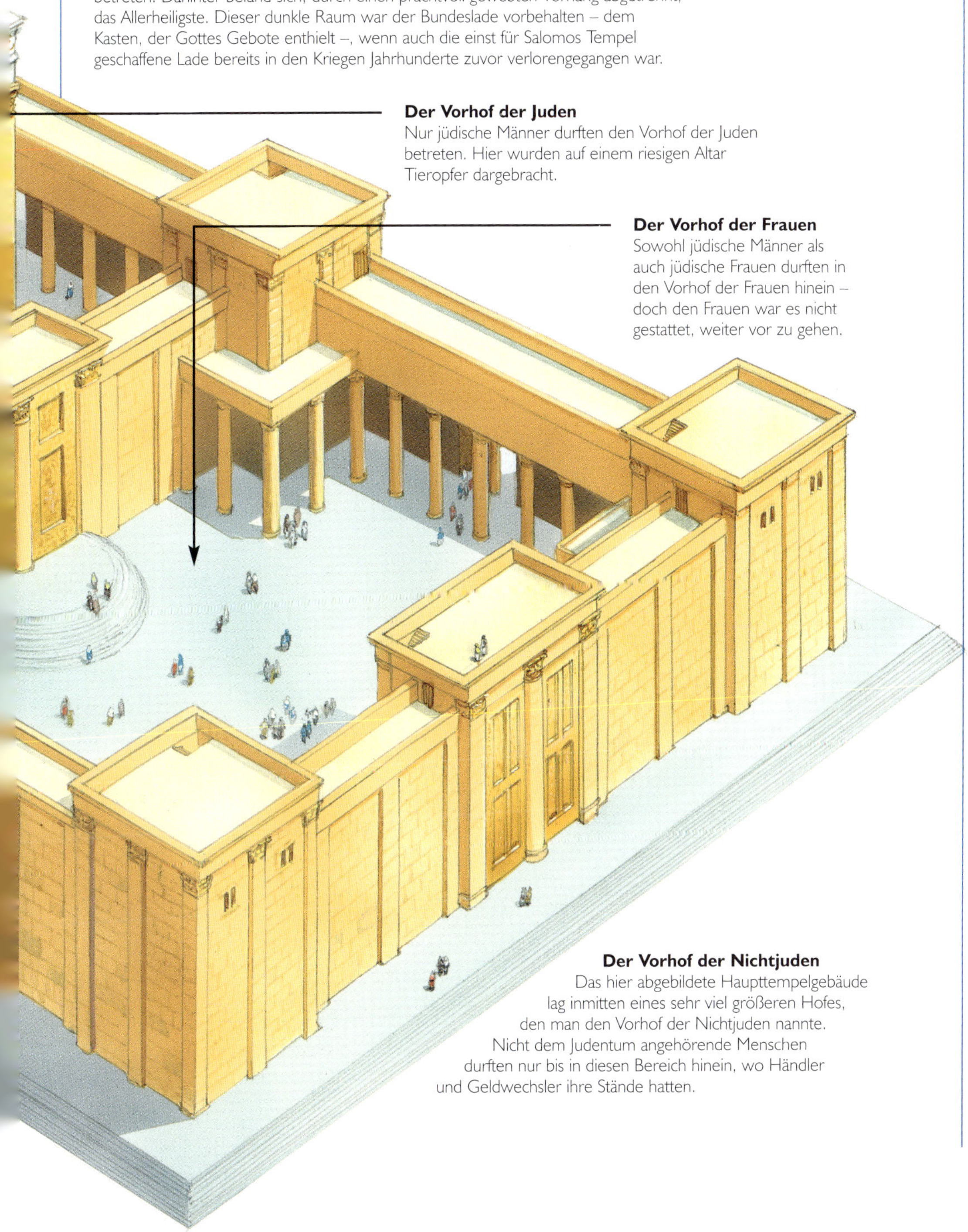

Zu einem Passamahl zur Zeit Jesu gehörte ein geröstetes Lamm und Brot ohne Hefe, so wie am Abend des ersten Passamahles.

Der heilige Raum

Die Priester durften in diesem Gebäude das Heiligtum bis hin zum heiligen Raum betreten. Dahinter befand sich, durch einen prachtvoll gewebten Vorhang abgetrennt, das Allerheiligste. Dieser dunkle Raum war für die Bundeslade vorbehalten – dem Kasten, der Gottes Gebote enthielt –, wenn auch die einst für Salomos Tempel geschaffene Lade bereits in den Kriegen Jahrhunderte zuvor verlorengegangen war.

Der Vorhof der Juden

Nur jüdische Männer durften den Vorhof der Juden betreten. Hier wurden auf einem riesigen Altar Tieropfer dargebracht.

Der Vorhof der Frauen

Sowohl jüdische Männer als auch jüdische Frauen durften in den Vorhof der Frauen hinein – doch den Frauen war es nicht gestattet, weiter vor zu gehen.

Passa

Das Passafest war der höchste Feiertag im jüdischen Jahr. Es erinnerte an die Nacht, in der Gott es Mose möglich gemacht hatte, das Volk aus Ägypten heraus in die Freiheit zu führen. Die Tempelpriester veranstalteten besondere Feierlichkeiten, um dieses Gedächtnis zu begehen.

An jenem ersten Passa hatte Gott den Israeliten aufgetragen, eine besondere Mahlzeit zuzubereiten und ihre Häuser mit dem Blut eines Lammes zu kennzeichnen. Der Engel des Todes zog darauf an ihren Häusern vorüber, und in den nicht mit Blut gekennzeichneten Häusern der Ägypter starben alle erstgeborenen Söhne. In ihrer Trauer und Angst ließen die Ägypter die Israeliten ziehen.

Jeder fromme Jude träumte davon, zum Passafest in Jerusalem zu sein.

Der Vorhof der Nichtjuden

Das hier abgebildete Haupttempelgebäude lag inmitten eines sehr viel größeren Hofes, den man den Vorhof der Nichtjuden nannte. Nicht dem Judentum angehörende Menschen durften nur bis in diesen Bereich hinein, wo Händler und Geldwechsler ihre Stände hatten.

5 Mehr Wissenswertes zum jüdischen Glauben

Schlag nach

Jesus in Synagogen:
*Matthäus 4, 9, 12, 13; Markus 1, 3, 6;
Lukas 4, 6, 13; Johannes 6*

Viele der Schriftrollen vom Toten Meer
beinhalten Bücher der Bibel, so auch
diese Handschrift aus Jesaja. Sie wurde
in hebräischer Sprache verfasst.

Den Glauben erhalten

Seit der Zeit in der Verbannung
wurde es für den jüdischen Glauben mehr und mehr von Bedeutung,
dass alle Gläubigen die heiligen
Schriften, die man bis dahin zu-
sammengetragen hatte, kannten
und auch verstanden. So entstand
der Brauch, die Schriften mit großer
Sorgfalt und Liebe zum Detail zu
kopieren.

Diese Abschrift der Jesaja-Schrift-
rolle, die in Qumran am Toten Meer
gefunden wurde, stammt etwa aus
dem Jahr 100 v. Chr. Die Worte
sind praktisch die gleichen wie die,
die man in heutigen Ausgaben der
Bibel findet, da die Schreiber so
umsichtig mit dem umgegangen
sind, was sie als das Wort Gottes
ansahen.

Zur Zeit Jesu trafen sich die Juden regelmäßig in ihren Gemeinden,
um zu Gott zu beten und mehr darüber zu erfahren, wie sie als Volk
Gottes leben sollten.

Synagoge und heilige Schriften

Jahrhunderte vor Jesu Geburt, als die Babylonier den Tempel zerstört hatten
und das Volk der Juden ins Exil getrieben worden war, hatte sich eine neue
Form des Gottesdienstes entwickelt. Für das jüdische Volk wurde es von
nun an zur Gewohnheit, an seinem wöchentlichen Ruhetag, dem Sabbat,
zusammenzukommen.

Zur gleichen Zeit machten sich Schriftgelehrte daran, die heiligen Schriften des Volkes zu sammeln und zu ordnen − sowohl die ältesten Aufzeichnungen, die von Mose und der frühen Geschichte berichten, als auch
neuere Texte von weisen Männern, Dichtern und Propheten.

In den Versammlungsstätten, den Synagogen, wurden die heiligen Schriften laut vorgelesen. Alle jüdischen Männer nahmen daran teil, und Lehrer,
Rabbis genannt, vermittelten den Menschen die Bedeutung der Texte.

Zur Zeit Jesu hatten selbst kleine Gemeinden ihre eigenen Synagogen
mit Rabbis und anderen Würdenträgern.

Dieses Foto zeigt die Überreste eines Gebäudes aus dem ersten Jahrhundert in Gamla in der Nähe von Galiläa.
Die Fachleute sind sich einig, dass es sich bei dem Haus vermutlich um eine Synagoge handelt, die nicht lange nach
Jesu Tod bei der Niederschlagung einer jüdischen Rebellion durch die Römer zerstört wurde. Es ist sehr gut möglich,
dass Jesus die Synagoge besucht und dort gepredigt hat.

Die Zusammenkunft am Sabbat

Die Synagogen waren als Orte der Begegnung gedacht, zugleich waren sie auch voller Anklänge an den Tempel von Jerusalem. In ihm war der innerste Raum – das Allerheiligste – mit einem Vorhang abgetrennt. In diesem Raum befand sich die Bundeslade, und in ihr war eine Abschrift der Gebote hinterlegt, auf denen der Bund mit Gott gründete. In den Synagogen gab es ebenfalls einen durch einen Vorhang abgetrennten Bereich. Dahinter stand ein Schränkchen – die „Lade" –, in dem die Schriftrollen mit den Geboten aufbewahrt wurden. Allerdings wurden diese Schriftrollen nicht als unantastbar und heilig angesehen. Vielmehr waren sie dazu gedacht, gelesen und verstanden zu werden.

Die Woche über gingen die Jungen in der Synagoge auf eine Schule, wo der Rabbi sie lehrte, wie man die heiligen Schriften richtig liest.

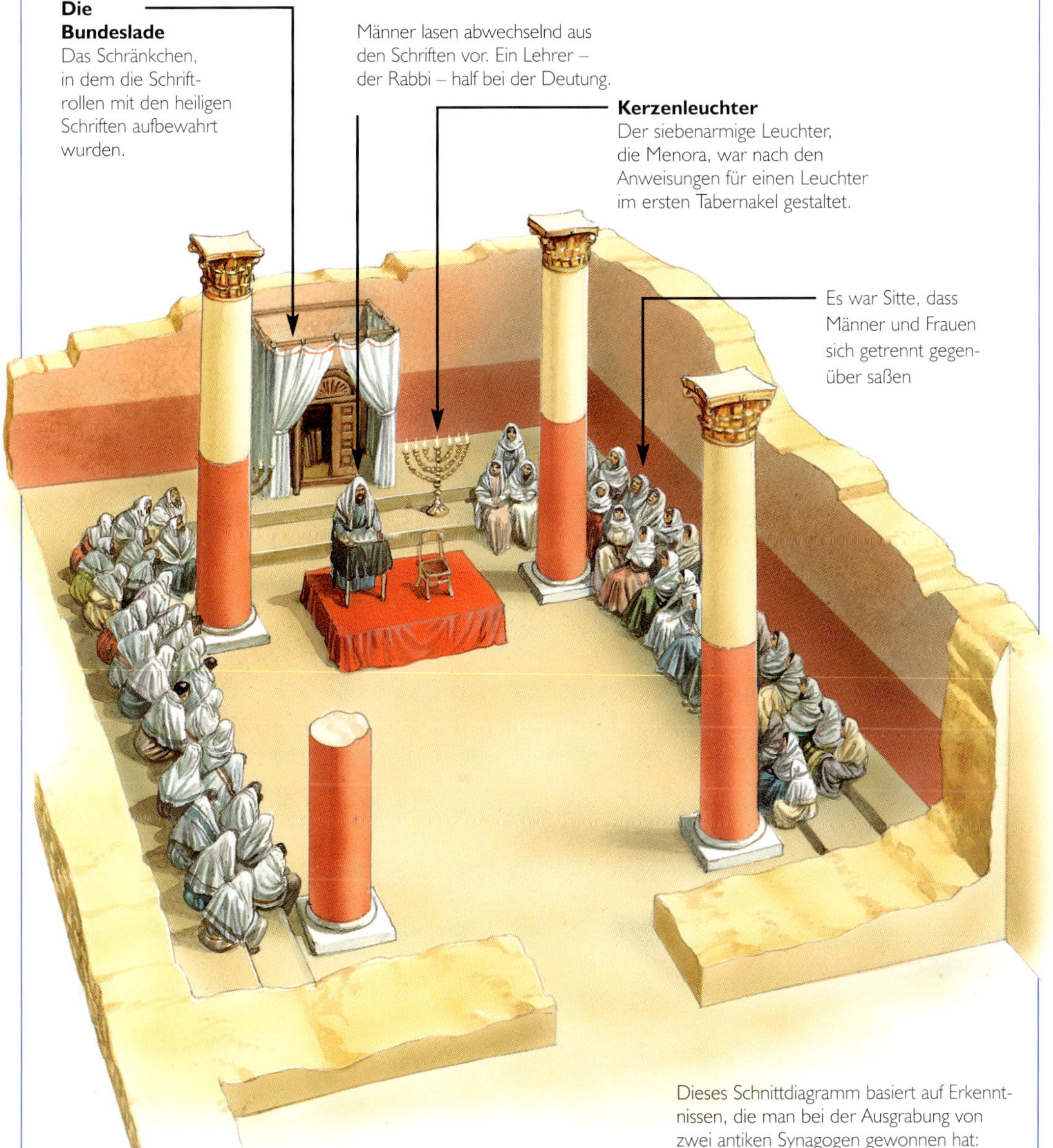

Die Bundeslade
Das Schränkchen, in dem die Schriftrollen mit den heiligen Schriften aufbewahrt wurden.

Männer lasen abwechselnd aus den Schriften vor. Ein Lehrer – der Rabbi – half bei der Deutung.

Kerzenleuchter
Der siebenarmige Leuchter, die Menora, war nach den Anweisungen für einen Leuchter im ersten Tabernakel gestaltet.

Es war Sitte, dass Männer und Frauen sich getrennt gegenüber saßen

Dieses Schnittdiagramm basiert auf Erkenntnissen, die man bei der Ausgrabung von zwei antiken Synagogen gewonnen hat: der Synagoge in Gamla (siehe gegenüberliegende Seite) und der in der Festung von König Herodes in Masada.

Religiöse Gruppen

Zur Zeit Jesu gab es zwei einflussreiche religiöse Gruppen.

Die Sadduzäer setzten sich hauptsächlich aus wohlhabenden Familien und Priestern zusammen. Sie akzeptierten das Gesetz des Mose so, wie es ihnen vorlag, und erwarteten keine neuen Offenbarungen von Gott. Im religiösen Rat in Jerusalem, Sanhedrin genannt, bildeten sie die mächtigste Gruppe.

Zu den Pharisäern gehörten viele Schriftgelehrte, die sich dafür einsetzten, dass die heiligen Schriften nicht falsch ausgelegt wurden. Sie wollten die Bedeutung der alten Gebote dadurch verdeutlichen, dass sie genau ausarbeiteten, wie man in jeder Lebenslage in rechter Weise handelt. Darüber hinaus studierten sie die Schriften der Propheten. Sie waren überzeugt, dass in den heiligen Schriften ein Versprechen Gottes enthalten ist, einen König zu schicken, der die Nation wieder zusammenführt – einen Messias. Viele der Rabbis in den kleineren Gemeinden waren Pharisäer.

6 🌴 Wo Jesus lebte

Schlag nach

Jesus und Nazaret, Galiläa:
*Matthäus 2, 4; Markus 1; Lukas 2, 4;
Johannes 1, 7*

Jesus und Jerusalem:
*Matthäus 20, 21, 23; Markus 10, 11;
Lukas 2, 4, 13, 19; Johannes 2, 5, 10, 12*

Jesus und Bethlehem:
Matthäus 2; Lukas 2; Johannes 7

In der Wüste:
Matthäus 3, 4; Markus 1; Lukas 3, 4, 10

Der Jordan entspringt in dem Sumpfgebiet nördlich von Galiläa.

Die Stadt Jerusalem liegt auf einem Hügel. Sie wurde die traditionsreiche Stadt des jüdischen Volkes, eine natürliche Festung, die der große König David jahrhunderte zuvor erobert hatte. Wer zur Zeit Jesu vom Ölberg aus (von wo dieses Foto aufgenommen wurde) zur Stadt hin schaute, sah den Tempel an der Stelle, an der jetzt der Felsendom, eine Moschee mit goldener Kuppel, zu sehen ist.

Das Land, in dem Jesus lebte, grenzt ans Mittelmeer. Hinter dem Streifen Flachland an der Küste erheben sich Hügel. Weiter östlich fließt der Jordan durch ein tiefes Tal. Er entspringt im Sumpfland des Nordens und fließt durch einen See mit Namen Gennesaret ins Tote Meer.

Im südlichen Teil des Jordantals und im Gebiet um das Tote Meer ist es spürbar heiß und trocken. Auch wenn die Stadt Jericho auf einer natürlichen Oase erbaut wurde, war diese Region zur Zeit Jesu überwiegend von Wüste bedeckt. Die Vegetation bestand aus spärlichem Weideland und dornigen Pflanzen, die unter den dürren Bedingungen überleben konnten. Wilde Tiere wie Wölfe und Schakale lauerten in den Höhlen und Felsspalten.

Blick auf den See Gennesaret, auch See Tiberias genannt

In Galiläa

Seine Kindheit verbrachte Jesus in Nazaret, in den Hügeln von Galiläa. Hier bauten die Bauern Gerste, Oliven und Weintrauben an. Auf dem Weideland hüteten Hirten ihre Herden. In den Gleichnissen Jesu spielt diese ländliche Umgebung oft eine Rolle.

Diese Karte zeigt einige der wichtigsten Orte, die in den Berichten über das Leben Jesu genannt werden. Durch die Schattierungen wird auch deutlich, wo sich Hügel und Tiefebenen befinden.

Betlehem war eine von Ackerland umgebene Hügelstadt. Ein Hirtenjunge namens David war dort zuhause, der später der berühmteste König seines Volkes wurde.

Abseits der Küste und der Hügel lagen dürre Gebiete rauen Landes – einsame Gegenden, in denen wilde Tiere und Banditen ihr Unwesen trieben.

Das Tote Meer ist die tiefste Stelle der Erdoberfläche. Es ist ein See, und das Wasser, das hineinfließt, kann nur durch Verdunstung wieder entweichen, wobei es Mineralien und Salze zurücklässt. Aus diesem Grund ist das Tote Meer inzwischen so salzig, dass fast nichts mehr in ihm leben kann.

Als Jesus damit begonnen hatte, seine Botschaft zu verkünden, verbrachte er viel Zeit in den Städten und Dörfern am See Gennesaret. Vier der engsten Freunde Jesu waren Fischer.

Die Gegend um Jerusalem

Die bedeutendste Stadt war Jerusalem. Ringsherum lag Ackerland. Der Hügel gegenüber des Jerusalemer Tempelberges war mit Olivenwäldern bedeckt und hieß deshalb Ölberg. Das nahe gelegene Betlehem war zwischen fruchtbaren Hügeln angesiedelt, auf denen Getreide angebaut wurde. „Betlehem" bedeutet „Haus des Brotes". Es ist berühmt als der Ort, an dem Jesus geboren wurde.

7 Jesus wird angekündigt: der Bericht des Markus

Schlag nach

Die Geburt des Johannes:
Lukas 1

Jesus wird angekündigt:
*Markus 1; siehe auch Matthäus 3;
Lukas 3, Johannes 1*

Die Botschaft des Johannes:
Lukas 3

Die Geburt des Johannes

Lukas erzählt die folgende Geschichte über den Mann, der nach christlichem Glauben als Johannes der Täufer bekannt ist:

Ein Ehepaar hatte keine Kinder und war inzwischen auch schon zu alt dafür. Der Mann, Zacharias, arbeitete als Priester. Als er eines Tages im Tempel war, prophezeite ihm ein Engel, dass seine Frau Elisabet einen Sohn bekommen werde, den Johannes, der einmal ein Prophet sein würde. Zacharias konnte es kaum glauben. Da sagte der Engel, zum Beweis für seine Worte werde Zacharias nicht mehr sprechen können, bis das Kind auf der Welt sei.

Alles geschah so, wie es der Engel gesagt hatte. Als die Zeit gekommen war, dem neugeborenen Kind einen Namen zu geben, schrieb Zacharias auf: „Sein Name ist Johannes." Sofort konnte er wieder sprechen und sagte:

Und du, mein Kind – ein Prophet des Höchsten wirst du sein; du wirst dem Herrn vorausgehen, um den Weg für ihn zu bahnen.

Du wirst dem Volk des Herrn verkünden, dass nun die versprochene Rettung kommt, weil Gott ihnen ihre Schuld vergeben will.

Lukas 1,76-77

Lukas berichtet, dass Elisabet die Kusine Marias, der Mutter Jesu, war.

Die Leute glaubten, dass Johannes ein Prophet sei – er kleidete sich sogar wie ein Prophet aus längst vergangener Zeit.

Jeder Bericht über das Leben eines Menschen braucht eine Einleitung. Alle vier Evangelien führen auf eine jeweils eigene Art und Weise in das Leben Jesu ein. Der Bericht des Markus – er ist der kürzeste und wurde mit ziemlicher Sicherheit als erster verfasst – bringt es gleich auf den Punkt.

Er beginnt mit der Feststellung, dass Jesus tatsächlich Christus ist, der Messias, von dem die Propheten sprachen:

In diesem Buch ist aufgeschrieben, wie die Gute Nachricht von Jesus Christus, dem Sohn Gottes, ihren Anfang nahm.

Es begann, wie es im Buch des Propheten Jesaja angekündigt wurde: „Ich sende meinen Boten vor dir her, sagt Gott, damit er den Weg für dich bahnt.

In der Wüste ruft einer: Macht den Weg bereit, auf dem der Herr kommt! Ebnet ihm die Straßen!"

Markus 1,1-3

Dann schildert Markus kurz das Wirken dieses Boten. Sein Name war Johannes, und er führte ein Leben wie ein Prophet aus vergangenen Tagen. Er trug grobe Kleidung aus Kamelhaar, die er mit einem Ledergürtel zusammengebunden hatte, und er hauste in der Wüste. Er ernährte er sich von dem, was er dort fand: Heuschrecken und wilden Honig. Er predigte zu den Menschen, die zahlreich kamen, um ihn anzuhören: „Wendet euch ab von euren Sünden und lasst euch taufen, dann wird Gott euch vergeben."

Johannes taufte alle, die ihr Leben von Grund auf ändern wollten, damit sie bereit wurden für den von Gott gesandten Messias. Er tauchte sie in den Jordan ein, als Zeichen dafür, dass sie reingewaschen wurden, dass sie ihre alte Lebensweise hinter sich ließen und sich zu einem neuen Anfang erhoben. Johannes wurde bekannt als „Johannes der Täufer".

Eines Tages gesellte sich Jesus zu der Menge, die gekommen war, um Johannes zuzuhören und sich von ihm taufen zu lassen. Nachdem Jesus getauft war, geschah etwas ganz Besonderes. Markus schildert es so:

Als er aus dem Wasser stieg, sah er, wie der Himmel aufriss und der Geist Gottes wie eine Taube auf ihn herabkam.

Und eine Stimme aus dem Himmel sagte zu ihm: „Du bist mein Sohn, dir gilt meine Liebe, dich habe ich erwählt."

Markus 1,10-11

Diese Karte zeigt das Jordantal von Galiläa im Norden bis zum Toten Meer. Hier predigte und taufte Johannes der Täufer. An einer Stelle in den Evangelien heißt es, dass die Menschen zu ihm nach Änon kamen.

Die Botschaft des Johannes

Alle vier Berichte über das Leben Jesu erwähnen Johannes. Lukas erzählt uns das Folgende über sein Wirken:

Die Menschen fragten Johannes: „Was sollen wir denn tun?" Seine Antwort war: „Wer zwei Hemden hat, soll dem eins geben, der keines hat. Und wer etwas zu essen hat, soll es mit jemand teilen, der hungert."

Auch Zolleinnehmer kamen und wollten sich taufen lassen; sie fragten ihn: „Lehrer, was sollen wir tun?" Seine Antwort war: „Verlangt nicht mehr, als festgesetzt ist!"

Auch Soldaten fragten ihn: „Was sollen denn wir tun?" Die Antwort war: „Beraubt und erpresst niemand, sondern gebt euch mit eurem Sold zufrieden!"

Lukas 3,10-14

✠ Advent

Einige christliche Kirchen betrachten die vier Sonntage vor Weihnachten als eine besondere Zeit, in der sie sich bewusst auf die Geburt Jesu vorbereiten und an die großen Propheten und Boten erinnern, die sich ebenfalls auf das Kommen Jesu vorbereitet hatten. Diese Zeitspanne nennt man Advent, nach dem lateinischen Wort für „Ankunft".

Jeder Sonntag steht unter einem speziellen Leitmotiv: das erste ist das Volk Gottes, das auf das Kommen Jesu gewartet hat; das zweite sind die Propheten des Alten Testaments, die Jesu Geburt vorhergesagt haben; das dritte ist Johannes der Täufer; und das vierte ist Maria, die Mutter Jesu.

Ein Adventsbrauch ist es, einen Adventskranz zu basteln, mit vier Kerzen auf dem äußeren Ring und einer hohen weißen Kerze in der Mitte. Die vier Kerzen werden nacheinander an jedem der vier Sonntage im Advent angezündet. Am Weihnachtstag werden dann alle vier Kerzen sowie die Kerze in der Mitte entzündet, um die Geburt Jesu, des „Lichtes der Welt", zu feiern.

8 Jesus wird angekündigt: der Bericht des Johannes

Schlag nach

Der Heilige Geist:
*Matthäus 4; Markus 1; Lukas 3;
Johannes 1*

Jesus wird angekündigt:
Johannes 1

Der Tod Johannes' des Täufers:
Matthäus 14; Markus 6; Lukas 9

✠ Der Heilige Geist

In der Geschichte von der Taufe Jesu kommt Gottes Heiliger Geist zu ihm in Gestalt einer Taube. Deshalb ist dieser Vogel zu einem Symbol für den Heiligen Geist geworden.

Die Geschichte von Noach und der Arche aus dem Alten Testament erwähnt ebenfalls die Taube als eines der Tiere, die vor der Flut gerettet werden. Als der Regen nachließ, schickte Noach die Taube los auf die Suche nach Land. Sie kam mit einem Olivenzweig im Schnabel zurück, ein deutliches Zeichen dafür, dass die Flut zurückgegangen war und dass Gott alle, die sich an Bord der Arche befanden, beschützt hatte.

Die Symbolik der Taube in den beiden Geschichten wird oft vermischt: Eine Taube mit einem Olivenzweig im Schnabel wird zum Symbol für Gottes Heiligen Geist, der die Menschen fähig macht, in rechter Weise zu leben, und sie gleichzeitig vor Gefahren schützt.

Der Verfasser des Johannesevangeliums beginnt seine Erzählung mit der Taufe Jesu, doch er stellt dem noch eine längere Einführung voran, die in poetischer Sprache die Beziehung zwischen Jesus und Gott beschreibt:

Am Anfang war das Wort. Das Wort war bei Gott, und in allem war es Gott gleich. Von Anfang an war es bei Gott. Alles wurde durch das Wort geschaffen; und ohne das Wort ist nichts entstanden. In ihm war das Leben, und dieses Leben war das Licht für die Menschen. Das Licht strahlt in der Dunkelheit, aber die Dunkelheit hat sich ihm verschlossen.

Johannes 1,1-5

In Johannes' Bericht ließ Johannes der Täufer (ein anderer Johannes!) nicht erkennen, ob er Jesus schon einmal begegnet war. Johannes wusste zwar, dass er die Menschen auf das Kommen des von Gott Erwählten vorbereitete, aber es hatte den Anschein, dass er nicht wusste, wer der Betreffende war ... bis er Jesus schließlich taufte. Da hatte Johannes der Täufer, dem Evangelisten zufolge, diese Erscheinung:

„Ich sah, dass der Geist Gottes wie eine Taube vom Himmel auf ihn kam und bei ihm blieb. Vorher wusste ich nicht, dass er es war. Aber Gott, der mir den Auftrag gab, mit Wasser zu taufen, hatte zu mir gesagt: Wenn du einen siehst, auf den sich der Geist niederlässt und bei dem er bleibt, dann weißt du: Das ist der, der mit dem Heiligen Geist tauft. Das habe ich gesehen ... ich verbürge mich dafür, dass dieser der Sohn Gottes ist."

Johannes 1,32-34

Johannes taufte Jesus im Wasser des Jordan.

Was aus Johannes wurde

Das Johannesevangelium schildert die Reaktion Johannes' des Täufers, als er erfuhr, dass Jesus als Prediger immer beliebter wurde: Johannes' Freunde kamen zu ihm und erzählten ihm, dass Jesus Menschen taufte und sogar noch mehr Anhänger fand als er selbst. Darauf erwiderte Johannes der Täufer, so sei es richtig, denn Jesus sei ja auch der bedeutendere Mann.

Der Tod Johannes' des Täufers

Johannes verkündete auch weiterhin mutig und deutlich seine Meinung über das, was er für Recht und das, was für Unrecht hielt.

Er ging sogar so weit, dem örtlichen Herrscher Herodes Antipas (ein Sohn von König Herodes, der den Tempel wieder aufgebaut hatte), vorzuwerfen, er habe gottlos gehandelt, als er die Frau seines Bruders Philippus heiratete. Dafür wurde Johannes ins Gefängnis geworfen.

Herodias, Herodes' Frau, schmiedete den Plan, Johannes töten zu lassen. Auf der Geburtstagsfeier von Herodes führte Salome, Herodias' Tochter, dem König und seinen Gästen einen so atemberaubenden Tanz vor, dass sie sich zur Belohnung alles wünschen durfte, was sie wollte. Da fragte Salome ihre Mutter um Rat. Diese riet ihr, den Kopf Johannes' des Täufers auf einem Teller zu verlangen. Der freimütige Prophet wurde dann tatsächlich hingerichtet.

Johannes' Tod war ein Ereignis, von dem auch Jesus und seine Anhänger erfuhren. Sie waren sehr traurig darüber. Zudem führte dies eindringlich vor Augen, wie gefährlich es war, als Prophet seine Meinung zu verkünden.

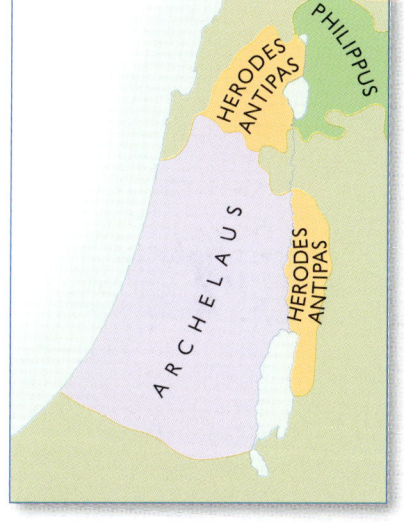

Weil er den örtlichen Herrscher kritisiert hatte, wurde Johannes ins Gefängnis geworfen.

Die Frau des Herrschers wollte Johannes unbedingt sterben sehen. Dazu schmiedete sie mit ihrer schönen Tochter Salome einen üblen Plan.

Herodes' Königreich

Johannes der Täufer und Jesus wurden zu der Zeit geboren, als der grausame König Herodes der Große, der Erbauer des neuen Tempels, das Land als Statthalter der Römer regierte. Als Herodes starb, wurde sein Königreich unter seinen drei Söhnen aufgeteilt: Philippus, Herodes Antipas und Archelaus. Archelaus war ein so schlechter Herrscher, dass der römische Kaiser sein Gebiet schon bald unter die Aufsicht eines römischen Präfekten stellte.

Die verschiedenen Regionen, in die Herodes' Königreich zwischen seinen Söhnen aufgeteilt wurde.

9 Jesus wird angekündigt: der Bericht des Matthäus

Schlag nach

Jesus wird angekündigt:
Matthäus 1–2

Geschenke für einen König:
Matthäus 2

Matthäus und die heiligen Schriften

In der Geschichte von Jesu Geburt und in seinem gesamten Evangelium zeigt Matthäus bei jeder Gelegenheit Berührungspunkte zwischen Jesus und den heiligen Schriften der Juden auf. In Jesus, so sagt Matthäus, erfüllen sich die Worte der Propheten.

Der Stern im Osten

In jüngerer Zeit haben Astrologen herauszufinden versucht, ob zu der Zeit, als Jesus geboren wurde, tatsächlich ein neuer Stern am Himmel aufgetaucht ist. Verschiedene Vermutungen über Planeten oder Kometen sind schon angestellt worden, die sich in strahlendem Glanz gezeigt haben könnten. Anderen ist es nicht so wichtig zu ergründen, ob die Geschichte wissenschaftlich belegt werden kann. Ihnen kommt es mehr darauf an, was diese Geschichte aussagt: dass nämlich Jesus bereits von seiner Geburt an von Menschen aus anderen Ländern als König erkannt wurde.

Wie Markus beginnt auch Matthäus den Bericht vom Leben des erwachsenen Jesus mit der Geschichte von dessen Taufe. Allerdings steht am Anfang seines Evangeliums erst einmal eine lange Aufzählung der Vorfahren Jesu, bis hin zu Abraham, dem Stammvater der jüdischen Nation. Die Liste nennt auch König David und seinen Sohn König Salomo als Vorfahren Jesu und macht den Lesern so deutlich, dass Jesus von königlicher Herkunft ist.

Dann berichtet Matthäus von der Geburt Jesu: Eine Frau mit Namen Maria stellte fest, dass sie schwanger war. Eigentlich eine sehr unangenehme Situation, denn Maria war noch gar nicht verheiratet. Zudem war Josef, der Mann, mit dem sie verlobt war, nicht der Vater des Kindes. Josef hatte sich entschlossen, die Verlobung zu lösen.

Im Traum jedoch trug ihm ein Engel auf, die Hochzeit doch stattfinden zu lassen. Gott sei der Vater des Kindes, und es werde einmal die Menschen von ihren Sünden befreien.

Das Kind Marias, Jesus, kam in Betlehem zur Welt, der Heimatstadt König Davids. Das Ereignis wurde am Himmel angezeigt: Reisende aus Ländern im Osten folgten einem Stern auf der Suche nach einem König. Als Erstes gingen sie ins nahe gelegene Jerusalem, wo Herodes der Große regierte. Herodes wurde sehr wütend, als ihm die Gerüchte über einen neuen König zu Ohren kamen. Er fragte seine Berater, ob es in den Schriften des Volkes irgendwelche Hinweise darauf gebe, wo der Messias zur Welt kommen würde. Sie antworteten: „In Betlehem".

Herodes schickte die Reisenden los, den König zu suchen, und befahl ihnen, ihm anschließend Bericht zu erstatten. Die Reisenden fanden schließlich das Kind und machten ihm kostbare Geschenke. Im Traum ermahnte sie dann aber ein Engel, nicht mehr bei Herodes vorbeizugehen. Josef wurde auf gleiche Weise gemahnt, mit seiner Frau und dem Kind nach Ägypten zu fliehen.

Herodes hoffte, die Reisenden aus dem Osten würden ihm dabei helfen, den Rivalen um die Königswürde ausfindig zu machen.

Dieses Bild zeigt Maria, Josef und Jesus auf der Flucht nach Ägypten.
Man nennt sie manchmal auch die Heilige Familie.

Geschenke für einen König

Matthäus berichtet, dass die Reisenden Gold, Weihrauch und Myrrhe als Geschenke mitbrachten.

Das sind sehr wertvolle Geschenke, und sie lassen die große Wertschätzung erkennen, die die Reisenden dem Kind entgegenbrachten, das sie für den neu geborenen König hielten.

Die Geschenke werden häufig als symbolische Gaben gedeutet: Gold für einen König, Weihrauch für einen Geistlichen und Myrrhe, eine Bestattungszutat, für jemanden, dessen Tod einmal ebenso große Bedeutung haben wird wie sein Leben.

Als Herodes bemerkte, dass die Reisenden nicht zurückgekommen waren, um ihm zu berichten, welches Kind der König war, nach dem sie gesucht hatten, schickte er seine Soldaten nach Betlehem mit dem Auftrag, alle Jungen unter zwei Jahren zu töten.

Als Herodes Jahre später gestorben war, kehrte Josef in seine Heimat zurück, allerdings nicht nach Betlehem. Aus Angst vor dem neuen Herrscher, Herodes' Sohn Archelaus, zog er mit seiner Familie nach Nazaret in Galiläa.

✠ Die drei Weisen

Die Geschichte vom Besuch der drei Weisen beschäftigt seit vielen Jahrhunderten die Vorstellungen der Christen, und ihr prunkvolles Auftreten war schon immer ein beliebtes Thema in der christlichen Kunst. Manchmal werden sie als Magiere bezeichnet − ein Wort, das eine Verbindung zu den Hütern des Ahura-Masda-Kultes eines persischen Gottes nahe legt. In anderen Legenden heißt es, sie seien Könige gewesen, möglicherweise aus den verschiedenen Teilen der damals bekannten Welt. Da es drei Geschenke gab, spricht man häufig von drei Königen. Eine alte Überlieferung hat sie mit Namen versehen: Balthasar aus Afrika, Melchior aus Europa und Kaspar aus Asien.

✠ Epiphanie

Epiphanie ist der Name des kirchlichen Festtags, an dem der Besuch der drei Weisen gefeiert wird. Es kommt von einem griechischen Wort, das „zeigen" bedeutet, da Jesus Nichtjuden gezeigt und als König erkannt wurde.

Epiphanie fällt auf den 6. Januar. Am selben Tag feiern die Kirchen der orthodoxen Tradition Weihnachten. In anderen Kirchen ist Epiphanie der letzte Tag der Weihnachtszeit.

Dieses Mosaik aus dem 15. Jahrhundert zeigt die Anbetung der drei Könige.

Schlag nach

Ein starker Retter:
Lukas 1

Jesus wird angekündigt:
Lukas 1

Ein starker Retter

Als Zacharias nach der Geburt seines Sohnes Johannes endlich wieder reden konnte, sprach er von seinem eigenen Sohn (S. 18) und auch von dem Mann, dem Johannes einmal den Weg bereiten sollte:

„Gepriesen sei der Herr, der Gott Israels;
denn er ist uns zu Hilfe gekommen und hat sein Volk befreit!
Einen starken Retter hat er uns gesandt, einen Nachkommen seines Dieners David!
So hat er es durch seine heiligen Propheten schon seit langem angekündigt:
Er wollte uns retten vor unseren Feinden, aus der Gewalt all derer, die uns hassen."

Lukas 1,68-71

Lukas verwendet mehr Zeit als die anderen Evangelisten auf das Erzählen von Geschehnissen, die sich zutrugen, bevor Jesus als Erwachsener getauft wurde. Er beginnt seinen Bericht mit zwei Geschichten von einer Geburt: der von Johannes dem Täufer und der von Jesus.

Zunächst wurde Zacharias von einem Engel mitgeteilt, dass er und Elisabet ein Kind bekommen würden. Das Kind werde den Namen Johannes tragen und später einmal ein Prophet sein.

Als Elisabet noch schwanger war, erfuhr ihre Kusine Maria von einem Engel Erstaunliches. Dieser Engel, es war Gabriel, sagte nämlich Folgendes:

„Hab keine Angst, du hast Gnade bei Gott gefunden! Du wirst schwanger werden und einen Sohn gebären. Dem sollst du den Namen Jesus geben. Er wird groß sein und wird Sohn des Höchsten genannt werden. Gott, der Herr, wird ihn auf den Thron seines Ahnherrn David erheben, und er wird für immer über die Nachkommen Jakobs regieren. Seine Herrschaft wird nie zu Ende gehen."

Lukas 1,30-33

✢ Maria Verkündigung

Die Begebenheit, als der Engel Gabriel Maria erklärte, dass sie die Mutter von Gottes Sohn sein werde, wird als die Verkündigung bezeichnet. Das Fest Maria Verkündigung wird in vielen Kirchen am 25. März gefeiert – neun Monate vor der Feier der Geburt Jesu an Weihnachten. Nachdem der Engel bei Maria gewesen war, ging sie ihre Kusine Elisabet besuchen – ein Ereignis, das häufig Maria Heimsuchung genannt wird.

Der Verkündigungsengel wird oft mit einer Lilie in der Hand abgebildet, einem Symbol für Marias Reinheit.

Es fiel Maria schwer, das zu glauben. Sie hatte zwar die Absicht, einen Mann namens Josef zu heiraten, doch hatte die Hochzeit noch nicht stattgefunden, und sie wusste genau, dass sie nicht schwanger sein konnte. Der Engel erklärte, Gott werde alles möglich machen, und erinnerte sie daran, dass ihre Kusine Elisabet ja auch schwanger geworden sei, obwohl alle geglaubt hatten, sie sei schon zu alt für ein Kind.

Maria ging und besuchte Elisabet, die gleich spürte, wie der noch ungeborene Johannes in ihrem Bauch sich vor Freude bewegte. Elisabet sagte, das liege daran, dass Johannes Marias ungeborenes Kind als den von Gott versprochenen Erlöser erkannt habe. Da lobte Maria Gott:

„Mein Herz preist den Herrn,
alles in mir jubelt vor Freude über Gott, meinen Retter!
Ich bin nur seine geringste Dienerin, und doch hat er sich
mir zugewandt. Jetzt werden die Menschen mich glücklich
preisen in allen kommenden Generationen;
denn Gott hat Großes an mir getan, er, der mächtig
und heilig ist.
Sein Erbarmen hört niemals auf; er schenkt es allen,
die ihn ehren, von einer Generation zur andern.
Den Hungernden gibt er reichlich zu essen und schickt die
Reichen mit leeren Händen fort.
Er hat an seinen Diener Israel gedacht und sich über sein Volk
erbarmt.
Wie er es unsern Vorfahren versprochen hatte, Abraham und seinen
Nachkommen für alle Zeiten.“

Lukas 1,46-50.53-55

Maria und Elisabet unterhielten sich über die Babys, die sie erwarteten.

✠ Maria aus Nazaret

Die Evangelien berichten nicht allzu viel über Maria, außer dass sie ein junges Mädchen und verlobt war. Das bedeutete, ihre Familie und die ihres zukünftigen Ehemannes hatten eine Hochzeit vereinbart. Wie es scheint, war sie gerade in dem Alter, in dem die Ehe eingegangen werden konnte. Nach den Sitten der damaligen Zeit muss sie also etwa zwölf Jahre alt gewesen sein und ihr Bräutigam ein paar Jahre älter. Wahrscheinlich lebte sie zuhause bei ihren Eltern.

Die Evangelien machen keine Angaben über Marias Eltern. Es gibt allerdings eine alte Überlieferung, nach der ihre Namen Joachim und Anna waren.

✠ Gegrüßet seist du, Maria

Die ersten Worte, die der Engel zu Maria sagte, werden allgemein mit „Gegrüßet seist du, Maria" übersetzt. Auf Lateinisch heißt das „Ave Maria". Diese Worte bilden den Anfang eines Gebetes, das viele Christen sprechen, besonders die Katholiken. Sie sagen das „Gegrüßet seist du, Maria" und halten dabei Gebetsperlen in der Hand, die man den Rosenkranz nennt. Gleichzeitig denken sie über Ereignisse im Leben Jesu nach.

✠ Magnifikat

Maria wird von allen Christen hoch geachtet. Das Loblied, das sie Gott darbringt, als ihr von Elisabet versichert wird, dass ihre Schwangerschaft eine gute Nachricht ist, wird in vielen Kirchen gebetet oder gesungen. Dieses Lied ist allgemein nach dem ersten Wort seiner lateinischen Übersetzung als das „Magnifikat" bekannt.

11 Fortsetzung des Berichts des Lukas

Schlag nach

Chöre der Engel:
Psalmen 147–150

Die Geburt Jesu:
Lukas 2; siehe auch Matthäus 1

Als Elisabets Sohn Johannes auf die Welt kam, sollte es bis zur Geburt von Marias Baby auch nicht mehr lange dauern. Da jedoch erfolgte eine Bekanntmachung des römischen Kaisers Augustus, die für alle Menschen von großer Bedeutung war: Der Herrscher wollte im ganzen Reich eine Volkszählung durchführen lassen, damit er die Steuern wirkungsvoller erheben konnte. Deshalb sollten alle in ihre Heimatstadt gehen und sich dort in eine Liste eintragen lassen.

Lukas berichtet, dass Josef, Marias zukünftiger Ehemann, von König David abstammte. Daher war seine Heimatstadt Betlehem. Maria und Josef machten sich gemeinsam auf den Weg.

Die Stadt war überfüllt, da viele Menschen dorthin mussten. Der einzige Ort, an dem Maria und Josef noch Unterkunft fanden, war ein Stall, in dem sonst Tiere standen.

Dort kam Marias Kind zur Welt, und sie machte ihm sein Bettchen in der Futterkrippe. In dieser Nacht wachten auf den Hügeln in der Nähe Hirten über ihre Herden. Da tauchte ein Engel auf in einem Lichtstrahl, so hell, dass einem Angst und Bange werden konnte, und er machte eine erstaunliche Ankündigung:

„Habt keine Angst! Ich habe eine große Freudenbotschaft für euch und für das ganze Volk. Heute ist euch der Retter geboren worden, in der Stadt Davids: Christus, der Herr! Und dies ist das Zeichen, an dem ihr ihn erkennt: Ihr werdet ein neugeborenes Kind finden, das liegt in Windeln gewickelt in einer Futterkrippe."

Lukas 2,10-12

✠ Chöre der Engel

An verschiedenen Stellen ist in der Bibel von Engeln die Rede, die Gottes Lob singen. Einige davon finden sich im Buch der Psalmen, zusammen mit einer Aufzählung der Instrumente, die das Gotteslob begleiteten: Trompeten, Harfen, Flöten, Trommeln und Zimbeln. Das hat dazu geführt, dass in der christlichen Kunst die Engel, die den Hirten erschienen sind, häufig singend und musizierend dargestellt werden.

Daraufhin erschien eine ganze Schar von Engeln, die sangen:

*„Groß ist von jetzt an Gottes Herrlichkeit im Himmel;
denn sein Frieden ist herabgekommen auf die Erde
zu den Menschen, die er erwählt hat und liebt!"*

Lukas 2,14

Das Kind in der Krippe

Aus Lukas' Bericht erfahren wir, dass Maria ihr Baby auf die damals übliche Weise gewickelt hat: in Windeltücher. Dabei handelt es sich um Stoffstreifen, die so um ein Kind gewickelt werden, dass es sicher und behaglich wie in ein Bündel gehüllt ist.

Es ist sehr gut möglich, dass es sich bei der Krippe um eine Steinmulde gehandelt hat – ein stabiles kleines Bettchen, das man angenehm warm halten konnte.

Als die Engel wieder fort waren, liefen die Hirten nach Betlehem und fanden dort alles genau so vor, wie es der Engel gesagt hatte.

✠ Engel in der christlichen Kunst

In den schriftlichen Zeugnissen über Jesus wird an mehreren Stellen von Engeln berichtet, doch wird fast nie etwas darüber gesagt, wie sie aussahen. Nur so viel scheint sicher, dass derjenige, dem ein Engel begegnet, wohl gleich versteht, was passiert, und dass ihm der Anblick zunächst Angst einflößt. Engel haben etwas Himmlisches an sich – die „Herrlichkeit Gottes". Manche Engel werden als „weiß gekleidet" beschrieben.

Im Laufe der Jahrhunderte hat die christliche Kunst Engel zumeist als junge, schöne Menschen mit Flügeln und leuchtendem Heiligenschein dargestellt. Einige tragen einfache weiße Kleider, andere sehr kostbare, mit Juwelen besetzte.

Das Bild eines Engels aus einer mittelalterlichen italienischen Kirche.

✠ Weihnachten

An die Geburt Jesu wird zu Weihnachten erinnert. Viele Christen feiern Weihnachten am 25. Dezember, die orthodoxe Kirche begeht das Fest am 7. Januar.

Eine beliebte Tradition ist es, sich in der Nacht vom 24. auf den 25. Dezember in der Kirche zusammenzufinden und die Geburt Jesu an Mitternacht zu feiern. Viele andere Bräuche erinnern ebenfalls an die Weihnachtsgeschichte von der Geburt Jesu, wie sie in den Evangelien berichtet wird. Dazu werden zum Beispiel kleine Modelle des Stalles von Betlehem aufgestellt oder Krippenspiele aufgeführt.

12 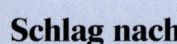 Das Kind Jesus im Tempel

Schlag nach

Die Weissagung des Simeon:
Lukas 1, 2

Jesus im Tempel:
Lukas 2

Das Studium der Gesetze:
Deuteronomium 6

Die Weissagung des Simeon

Der Engel Gabriel trug Maria auf, sie solle ihr Kind Jesus nennen. Die feierliche Namensgebung fand dann eine Woche nach der Geburt statt. Etwas später nahmen Maria und Josef ihren kleinen Sohn mit in den Tempel, um ihn Gott zu weihen, so wie es das Gesetz vorschrieb. Als sie sich dort aufhielten, bat ein alter Mann mit Namen Simeon darum, das Kind auf den Arm nehmen zu dürfen. „Jetzt kann ich in Frieden sterben", sagte er. „Denn ich habe den gesehen, der den Menschen Gottes Erlösung bringen wird."

Nach dieser Begegnung, so berichtet Lukas, kehrten Maria und Josef nach Nazaret zurück.

✠ Nunc dimittis

Simeons Erklärung, dass er nun in Frieden sterben könne, beginnt auf Lateinisch mit den Worten *Nunc dimittis*. Diese Worte werden in der Kirche oft bei Abendgottesdiensten und bei Beerdigungen gesprochen oder gesungen.

Das Lukasevangelium ist das einzige Evangelium, das uns überhaupt etwas über die Kindheit Jesu berichtet.

Jedes Jahr, so berichtet Lukas, reisten die Eltern Jesu nach Jerusalem, um dort im Tempel das Passafest zu feiern. Als Jesus zwölf Jahre alt war, durfte er mitkommen. Wie gewöhnlich waren sie zusammen mit einer Gruppe von Verwandten und Freunden unterwegs.

Als das Fest vorüber war, machte sich die Gruppe auf den Heimweg. Maria und Josef waren überzeugt, dass Jesus sich mit seinen eigenen Freunden die Zeit vertrieb, und sie hatten schon eine ganze Tagesreise zurückgelegt, bevor sie sich fragten, wo er denn nun eigentlich genau war. Sie erkundigten sich nach ihm, doch niemand hatte Jesus gesehen.

Außer sich vor Sorge eilten Maria und Josef zurück nach Jerusalem. Dort suchten sie jeden Winkel nach ihm ab. Am dritten Tag fanden sie ihn schließlich im Tempel, wo er mit den jüdischen Lehrern zusammensaß. Er hörte sich an, was sie über ihren Glauben zu sagen hatten und stellte Fragen. Alles, was Jesus sagte, war klug und zeugte von großem Wissen.

Maria stürmte auf Jesus zu und schimpfte mit ihm, weil er weggelaufen war und ihnen so große Sorgen

Maria und Josef auf der Suche nach Jesus

Die Gesetzeslehrer und die Priester trafen sich gern im Tempelhof, um über Gottes Gesetze zu diskutieren. Sie waren erstaunt darüber, wie viel Jesus schon wusste.

bereitet hatte. Jesus war erstaunt.
„Warum musstet ihr mich denn suchen?",
fragte er. „Wusstet ihr nicht, dass ich in
das Haus meines Vaters gehen musste?"
Dann reiste er mit ihnen nach Hause zurück
und war so folgsam wie auch schon zuvor.

Es ist sehr wahrscheinlich, dass Jesus lernte, Stellen aus den Gesetzestexten auf ein Wachstäfelchen wie dieses hier abzuschreiben.

Das Studium der Gesetze

Zur Zeit Jesu lernten die Jungen in den Synagogenschulen die jüdischen Gesetze. Der hebräische Text auf dem oben abgebildeten Wachstäfelchen ist ein berühmtes Zitat aus der jüdischen heiligen Schrift, das man Schema nennt, nach dem hebräischen Wort, mit dem es anfängt:

Höre, o Israel,
Der Herr ist unser Gott,
Der Herr ist einzig.

Die folgende Abbildung zeigt den Text deutlicher als die kindliche Handschrift oben:

Hebräische Buchstaben werden von rechts nach links geschrieben. Die Kinder lernten schreiben, indem sie die Buchstaben unten an eine Zeile „hängten" – genau andersherum als im Deutschen, wo man auf der Zeile schreibt.

13 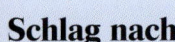 Jesus und der Neuanfang

Schlag nach

Die Versuchung:
*Matthäus 4; siehe auch Markus 1;
Lukas 4*

Wie alle Jungen erlernte Jesus wohl den Beruf seines Vaters – den eines Zimmermanns und Baumeisters. Als er ungefähr 30 Jahre alt geworden war, änderte sich sein Leben grundlegend: Laut Matthäus, Markus und Lukas zog er sich, nachdem er von Johannes getauft worden war, ganz allein an einen einsamen Ort in die Wüste zurück.

Die verborgenen Jahre

Mit Ausnahme von Lukas' Geschichte über das Kind Jesus im Tempel berichten die Evangelien sehr wenig über die frühen Jahre Jesu. Anscheinend gab es nichts, was besonders erwähnenswert gewesen wäre. Die Bewohner von Nazaret fanden nichts Ungewöhnliches an Jesus. Sie wussten, dass er Marias Sohn war, wobei es auch Gerüchte gab, dass ihr Mann, der Zimmermann Josef, nicht der leibliche Vater sei.

Die Werkzeuge, die zur Zeit Jesu von Zimmerleuten benutzt wurden, haben eine erstaunliche Ähnlichkeit mit den Handwerksgeräten, wie sie bis heute gebraucht werden: so zum Beispiel Sägen, Beitel und Hobel.

Als Zimmermann und Baumeister in einer Kleinstadt war Jesus vermutlich damit beschäftigt, Häuser zu bauen und landwirtschaftliche Geräte herzustellen. Auf diesem Bild benutzt ein Zimmermann einen Bogenbohrer, um Löcher zu bohren, in die er dann später die Metallzinken für einen Dreschschlitten stecken wird. Der Dreschschlitten an der Wand wurde zum Heraustrennen der Körner aus den Ähren benutzt.

Bis heute ist Nazaret eine ganz normale Kleinstadt geblieben. Zur Zeit Jesu vermutete niemand, dass aus Nazaret einmal ein bedeutender Führer stammen könnte.

Danach führte der Geist Gottes Jesus in die Wüste, wo er vom Teufel auf die Probe gestellt werden sollte.

Nachdem er vierzig Tage und Nächte gefastet hatte, war er hungrig. Da trat der Versucher an ihn heran und sagte: „Wenn du Gottes Sohn bist, dann befiehl doch, dass die Steine hier zu Brot werden!"

Jesus antwortete: „In den Heiligen Schriften steht: Der Mensch lebt nicht nur von Brot; er lebt von jedem Wort, das Gott spricht."

Darauf führte der Teufel ihn in die Heilige Stadt, stellte ihn auf den höchsten Punkt des Tempels und sagte: „Wenn du Gottes Sohn bist, dann spring doch hinunter; denn in den Heiligen Schriften steht: Deinetwegen wird Gott seine Engel schicken und sie werden dich auf Händen tragen, damit du dich an keinem Stein stößt."

Jesus antwortete: „In den Heiligen Schriften heißt es auch: Du sollst den Herrn, deinen Gott, nicht herausfordern."

Zuletzt führte der Teufel Jesus auf einen sehr hohen Berg, zeigte ihm alle Reiche der Welt in ihrer Größe und Pracht und sagte: „Dies alles will ich dir geben, wenn du dich vor mir niederwirfst und mich anbetest."

Da sagte Jesus: „Weg mit dir, Satan! In den Heiligen Schriften heißt es: Vor dem Herrn, deinem Gott, wirf dich nieder, ihn sollst du anbeten und niemand sonst."

Darauf ließ der Teufel von Jesus ab, und Engel kamen und versorgten ihn.

Matthäus 4,1-11

Jesus dachte angestrengt über die Möglichkeiten nach, die sich ihm eröffneten. Es war ihm deutlich bewusst, dass er Macht besaß. Er konnte seine Fähigkeiten nun dazu einsetzen, immer genug zu essen zu haben –

und damit seine eigene Bequemlichkeit an die erste Stelle setzen. Er konnte auch ein bedeutender Wundertäter werden, oder ein großer Herrscher. Doch Jesus wusste, dass er zu etwas anderem berufen war. Er kannte die heiligen Schriften gut, und er wusste, was sie ihm sagten.

In der Wüste

Die Wüste, in die Jesus sich zurückzog, war ein verdorrtes und karges Stück Land. Banditen versteckten sich in den Höhlen. Wilde Tiere lauerten im Schatten – Schlangen, Schakale und Wölfe, ja sogar Bären und Löwen.

✠ Fastenzeit

Christen gedenken der 40 Tage, die Jesus allein in der Wüste verbracht hat, in den Wochen vor Ostern. Diese Zeit nennt man die Fastenzeit. Nach alter Tradition schränkt man sich dann im Essen und Trinken ein, auch wenn das normalerweise nur bedeutet, keine ausgefallenen Speisen zu essen, und nicht etwa gar nichts! In diesen Wochen versuchen viele Christen auch, sich mehr Zeit zum Beten und Bibellesen zu nehmen.

Eine Schale mit Asche und Lesezeichen aus Sackleinen gehören auch zur Fastentradition.

Eine Schale mit Asche ist in manchen Kirchen zu Beginn der Fastenzeit – am „Aschermittwoch" – Teil der traditionellen Zeremonien: Der Gottesdienstleiter taucht seinen Daumen in die Asche ein und macht dann das Kreuzzeichen auf die Stirn eines jeden Gläubigen. Damit wird an zwei Dinge erinnert: an die alte jüdische Tradition, zum Zeichen der Reue Sackleinen zu tragen und seinen Kopf mit Asche zu bedecken; und an das Kreuz Jesu, das den Christen Gottes Vergebung bewusst macht.

14 Jesu neue Botschaft

Schlag nach

Der Prophet, der nichts gilt:
Lukas 4; Matthäus 13; siehe auch Markus 6

Das Jesus-Gebet:
Lukas 18

Drinnen und draußen

Jesus wird oft dargestellt, wie er im Freien zu den Menschen spricht, vielfach am Ufer des Sees Gennesaret oder auf den umliegenden Hügeln. Allerdings berichten die Evangelien auch, dass er in den Synagogen predigte; dort war es nichts Ungewöhnliches, einen fremden Prediger zu Gast zu haben. Bei anderen Gelegenheiten luden ihn Menschen zu sich nach Hause ein, und er sprach zu den Leuten, die sich dort versammelten − sowohl geladene Gäste als auch andere.

Dieser Hügel mit Blick auf Galiläa soll einer der Orte sein, an denen Jesus predigte.

Wie Lukas schreibt, hielt Jesus seine erste Predigt in der Synagoge seiner Heimatstadt Nazaret. Es war nichts Ungewöhnliches, dass er als Gemeindemitglied gebeten wurde, aus der heiligen Schrift vorzulesen. Man reichte ihm das Buch des Propheten Jesaja, und er las den folgenden Abschnitt:

„Der Geist des Herrn hat von mir Besitz ergriffen, weil der Herr mich gesalbt und bevollmächtigt hat. Er hat mich gesandt, den Armen gute Nachricht zu bringen, den Gefangenen zu verkünden, dass sie frei sein sollen, und den Blinden, dass sie sehen werden. Den Misshandelten soll ich die Freiheit bringen, und das Jahr ausrufen, in dem der Herr sich seinem Volk gnädig zuwendet."

Lukas 4,18-19

Als er sich wieder hingesetzt hatte, sagte Jesus, die Prophezeiung sei nun in ihm Wirklichkeit geworden. Seine Zuhörer wurden wütend. Sie konnten nicht glauben, dass der junge Mann, den sie scheinbar so gut kannten, ein Prophet sein sollte. Erbost schickten sie ihn hinaus.

Der Prophet, der nichts gilt

Auch Markus und Matthäus erzählen davon, wie Jesus aus Nazaret weggeschickt wurde, doch hat sich dies nach ihren Berichten später ereignet. Die Bürger von Nazaret hatten danach Folgendes zu beanstanden:

Diese Ruinen einer Synagoge in Kafarnaum stehen auf dem Fundament eines älteren Gebäudes – möglicherweise ist es die Synagoge, die auch Jesus kannte.

„Woher hat er diese Weisheit", fragten sie einander, *„und woher die Kraft, solche Wunder zu tun? Ist er nicht der Sohn des Zimmermanns? Ist nicht Maria seine Mutter und sind nicht Jakobus, Josef, Simon und Judas seine Brüder? Leben nicht auch seine Schwestern alle hier bei uns? Woher hat er dann das alles?"*

Darum wollten sie nichts von ihm wissen.

Aber Jesus sagte zu ihnen: „Ein Prophet gilt nirgends so wenig wie in seiner Heimat und in seiner Familie."

Matthäus 13,54-57

✠ Sünde

Markus formuliert Jesu Botschaft schlicht und einfach so: „Die Zeit ist gekommen, das Reich Gottes ist jetzt nicht mehr weit! Wendet euch ab von euren Sünden und glaubt an die gute Nachricht!"

Heutzutage kann das Wort „Sünde" alles Mögliche bedeuten. Wenn Jesus über die Sünde spricht, meint er damit einfach, dass jemand Gottes Anforderung, was Liebe, Gerechtigkeit und Frieden betrifft, nicht erfüllt. Seit Jahrhunderten gibt es nun schon die christliche Tradition, Gott seine Sünden zu beichten und um seine Vergebung zu bitten. Die am häufigsten benutzte Vergebungsbitte wird mitunter auch als das Jesus-Gebet bezeichnet:

Gott, hab Erbarmen mit mir, ich bin ein sündiger Mensch!

Diese Worte werden von einem Mann in einem der Gleichnisse Jesu gesprochen – du kannst es auf Seite 63 nachlesen.

✠ Befreiung

Die Stelle, die Jesus aus dem Buch des Propheten Jesaja vorlas, besagt, dass die Hoffnung auch Freiheit und Gerechtigkeit einschließt. Im 20. Jahrhundert haben Christen eine Bewegung gegründet, die in der Folge unter dem Begriff „Befreiungstheologie" bekannt wurde. Sie beschäftigen sich mit den Sünden – beziehungsweise dem Fehlverhalten –, die ein Einzelner begehen kann. Die Befreiungstheologie setzt sich außerdem dafür ein, die Gesellschaft so zu verändern, dass alle frei leben können und gleiche Chancen haben.

Diese philippinischen Christen sind bereit, Guerillataktiken einzusetzen, um so Gerechtigkeit für die Allerärmsten zu erzwingen.

15 In Kafarnaum

Schlag nach

Eine Heilung in Kafarnaum:
Matthäus 8; Markus 1; Lukas 4

Jesus beruft seine Jünger:
Matthäus 4; Markus 1; Lukas 5

Die Geschichte von den Fischern, von Johannes erzählt:
Johannes 1

Diese Überreste eines Hauses aus der Zeit Jesu wurden in Kafarnaum freigelegt. Es soll angeblich das Haus des hl. Petrus gewesen sein. Allerdings gibt es dafür keine konkreten Beweise.

Eine Heilung in Kafarnaum

Als Jesus noch nicht lange bei seinem Freund Simon wohnte, bekam eines Tages Simons Schwiegermutter hohes Fieber. Jesus ging zu ihr ans Krankenbett. Er bewirkte ein Wunder und machte sie wieder gesund, und sie konnte sich um ihren Gast kümmern.

Bis zum Abend hatte sich die Nachricht überall verbreitet. Viele Menschen kamen herbei. Sie brachten Kranke mit, und Jesus heilte sie alle.

Nachdem man Jesus aus Nazaret weggeschickt hatte, weil man ihn dort nicht mehr haben wollte, zog er ein paar Kilometer weiter in ein Fischerdorf am See mit Namen Kafarnaum. Im Haus des jungen Fischers Simon wurde er herzlich aufgenommen.

Allmählich nahmen die Leute Notiz von ihm, denn er konnte alle Arten von Krankheiten nur durch Berührung heilen. Die Menschen strömten zusammen, wann immer er in Orte in der Umgebung kam und dort in den Synagogen predigte.

Gleichzeitig machte sich Jesus daran, eine Gruppe von Anhängern um sich zu sammeln: die Jünger.

Als Jesus am See von Galiläa entlangging, sah er Simon und seinen Bruder Andreas, wie sie gerade ihr Netz auswarfen; sie waren Fischer. Jesus sagte zu ihnen: „Kommt, folgt mir! Ich mache euch zu Menschenfischern." Sofort ließen sie ihre Netze liegen und folgten ihm.

Als Jesus ein kleines Stück weiterging, sah er Jakobus, den Sohn von Zebedäus, und seinen Bruder Johannes. Sie saßen gerade im Boot und besserten die Netze aus. Jesus rief sie, und sie ließen ihren Vater Zebedäus mit den Gehilfen im Boot zurück und folgten ihm.

Markus 1,16-20

Die Geschichte der Fischer, von Johannes erzählt

Johannes erzählt die Geschichte, wie Jesus die Fischer zu seinen Jüngern beruft, anders als sie bei Markus steht. Im Johannesevangelium sieht Johannes der Täufer Jesus vorübergehen. Da sagt Johannes zu zwei seiner eigenen Jünger, dass Jesus der Erwählte Gottes ist. Sie folgen Jesus und verbringen den Nachmittag damit, ihm zuzuhören. Einer von ihnen ist Andreas. Er geht zu seinen Bruder Simon und berichtet ihm, er habe Christus, den Messias gefunden. Als dann Jesus den Simon zum ersten Mal sieht, gibt er ihm einen Beinamen: Petrus. Das bedeutet „Fels". Bald darauf beruft Jesus den Philippus, der sich sicher ist, dass Jesus von Gott gesandt wurde. Philippus wiederum lädt Natanael ein, sich ihnen anzuschließen.

Einige der engsten Freunde Jesu waren Fischer. Die Arbeit war hart, aber sie hatten ein gutes Auskommen. Deshalb gingen sie ein großes Risiko ein, als sie ihren Beruf aufgaben und Jesus nachfolgten.

Bei dieser Nachbildung eines Fischernetzes aus der Zeit Jesu sind entlang dem oberen Ende Korken aufgereiht und entlang dem unteren Ende Gewichte. Dadurch war es möglich, dass das Netz zwischen zwei Booten senkrecht im Wasser blieb, ähnlich einem versunkenen Zaun. Die Boote zogen das Netz durch das Wasser, und Fische verfingen sich in den Maschen.

Der Zolleinnehmer

Als Jesus einmal zu einer Menschenmenge predigte, fiel sein Blick auf einen Zolleinnehmer namens Levi. Er rief Levi zu, er solle ihm folgen, und sofort verließ der Mann seinen Tisch auf dem Marktplatz. Nach der Überlieferung sind dieser Levi und der Evangelist Matthäus ein- und dieselbe Person.

Wie es scheint, nahm Jesus gerne einen jeden in den Kreis seiner Freunde auf, das frühere Leben spielte dabei keine Rolle. Nach dem, was die Pharisäer lehrten, war es Unrecht, sich mit gewissen Leuten abzugeben wie Zolleinnehmern und Außenseitern. Sie kritisierten Jesus, dass er es trotzdem tat.

Diese Silbermünzen tragen das Bild der römischen Kaiser Tiberius und Augustus. Das Volk musste an die römischen Herrscher Abgaben zahlen, und die Eintreiber waren verhasst, weil sie mit den Römern zusammenarbeiteten.

Als die Menschen das Gleichnis Jesu über den Mann hörten, der ein Gebäude bauen wollte, stellten sie sich vermutlich etwas in dieser Art vor: Solche Wachtürme wurden an den Rändern der Weinberge errichtet. Wenn die Reifezeit der Trauben begann, hielten die Arbeiter Tag und Nacht Wache, um sicherzustellen, dass auch niemand die Ernte stahl.

Die ersten Jünger Jesu waren vier Fischer: Petrus und Andreas, Jakobus und Johannes. Allerdings lud Jesus schon bald noch weitere Menschen ein, ihm nachzufolgen, und viele andere kamen aus eigenem Antrieb.

Nach einer Weile suchte sich Jesus zwölf Jünger aus, die er zu seinen engsten Freunden und Helfern machte. Die Nacht, bevor er sie auswählte, verbrachte er mit Beten.

Aber es gab noch viele andere, die sich Jesus anschlossen. Lukas nennt eine Reihe von Frauen. Maria Magdalena (sie hieß so, weil sie aus Magdala stammte) zum Beispiel war Jesus dankbar, weil er sie von einer Krankheit geheilt hatte, die als „die sieben Dämonen" beschrieben wird. Johanna war mit einem Regierungsbeamten verheiratet. Zusammen mit einer Frau namens Susanna und vielen anderen gab sie Geld, um Jesus und seine Jünger zu unterstützen.

Was es kostet, Jesus nachzufolgen

Einigen von denen, die sich ihm gern anschließen wollten, führte Jesus mit ernsten Worten vor Augen, was für eine große Verpflichtung sie damit eingehen würden. Er erzählte folgendes Gleichnis:

Wenn jemand von euch ein Haus bauen will, setzt er sich doch auch zuerst hin und überschlägt die Kosten. Er muss ja sehen, ob sein Geld dafür reicht. Sonst hat er vielleicht das Fundament gelegt und kann nicht mehr weiterbauen. Alle, die das sehen, werden ihn dann auslachen und werden sagen: Dieser Mensch wollte ein Haus bauen, aber er kann es nicht vollenden.

Lukas 14,28-30

Jesus wollte, dass seine Anhänger auch wirklich bei der Sache waren und nicht zurückschauten. Wenn sie nicht den Blick ausschließlich auf ihn richteten, seien sie so nutzlos wie ein Bauer, der nicht seine ganze Aufmerksamkeit dem Pflügen widmet.

Jesus gab zu bedenken, dass seine Anhänger mit Kritik und sogar mit Bestrafungen rechnen müssten, wenn sie seine Botschaft verbreiteten. Doch Gott werde ihnen helfen:

Wenn sie euch vor die Synagogengerichte schleppen und vor andere Richter und Machthaber, dann macht euch keine Sorgen darüber, wie ihr euch verteidigen oder was ihr sagen sollt. Denn der Heilige Geist wird euch in dem Augenblick eingeben, was ihr sagen müsst.

Lukas 12,11-12

Sie sollten darauf gefasst sein, ihren ganzen Besitz aufzugeben und ihre Familien hintan zu stellen.

Unterwegs sagte jemand zu Jesus: „Ich bin bereit, dir zu folgen, ganz gleich, wohin du gehst!"

Jesus antwortete ihm: „Die Füchse haben ihren Bau und die Vögel ihr Nest; aber der Menschensohn hat keinen Platz, wo er sich hinlegen und ausruhen kann."

Zu einem anderen sagte Jesus: „Komm, folge mir!"

Er aber antwortete: „Herr, erlaube mir, dass ich erst noch hingehe und meinen Vater begrabe." Jesus sagte zu ihm: „Überlass es den Toten, ihre Toten zu begraben! Du aber geh hin und verkünde, dass Gott jetzt seine Herrschaft aufrichten will!"

Ein anderer sagte: „Herr, ich will ja gerne mit dir gehen, aber lass mich erst noch von meiner Familie Abschied nehmen!" Jesus sagte zu ihm: „Wer seine Hand an den Pflug legt und zurückschaut, den kann Gott nicht gebrauchen, wenn er jetzt seine Herrschaft aufrichten will."

Lukas 9,57-62

Die zwölf Jünger

Die engsten Freunde Jesu werden Jünger genannt. Das sind die Namen der Zwölf: Simon Petrus und sein Bruder Andreas; Jakobus und sein Bruder Johannes; Philippus und Bartholomäus; Matthäus und Thomas; Jakobus; Simon der Eiferer; Judas (Matthäus und Markus nennen an seiner Stelle Thaddäus); Judas Iskariot.

Wie die eigene Familie

Einmal kam die Familie Jesu, um ihn zu besuchen. Er war sehr von seinen Predigten in Anspruch genommen, und sie hatten Angst, er könne den Verstand verlieren. Deshalb wollten sie ihn nach Hause holen. Als Jesus hörte, dass sie da waren, sagte er Folgendes:

„Wer sind meine Mutter und meine Brüder?" Er sah auf die Leute, die um ihn herumsaßen, und sagte: „Das hier sind meine Mutter und meine Brüder! Wer tut, was Gott will, der ist mein Bruder, meine Schwester und meine Mutter!"

Markus 3,33-35

Menschensohn

Jesus sprach oft von sich als dem Menschensohn. Die Christen haben verschiedene Vorstellungen davon, was das heißen soll. Es kann aber auch nur bedeuten: „ein ganz gewöhnlicher Mensch".

17 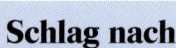 Wundertaten

Matthäus, Markus und Lukas zufolge vollbrachte Jesus bereits von dem Augenblick an, als er zum Prediger wurde, Heilungswunder. Johannes dagegen erzählt eine andere Geschichte über sein erstes Wunder. Wie er sagt, half es den Jüngern, an Jesus zu glauben.

Die Hochzeit in Kana

In der Stadt Kana in Galiläa fand eine Hochzeit statt. Die Mutter Jesu war dabei, und auch Jesus selbst und seine Jünger waren eingeladen.

Schlag nach

Die Hochzeit in Kana:
Johannes 2

Wasserkrüge

Wasserkrüge von der Art, wie sie in der Geschichte von der Verwandlung von Wasser zu Wein vorkommen, waren riesig – groß genug, um 100 Liter Wasser zu fassen. Die Dienstboten mussten wahrscheinlich mehrmals mit kleineren Krügen zum Brunnen gehen, bis die großen Krüge voll waren.

Bei einer jüdischen Hochzeitsfeier sitzen Braut und Bräutigam unter einem speziellen Baldachin, während um sie herum ausgelassen gefeiert wird.

Große Steinkrüge wie diese wurden in den Ruinen eines Hauses aus dem ersten Jahrhundert in Jerusalem entdeckt. Sie waren bis zu 80 Zentimeter hoch. Man fertigte sie aus einem großen Steinblock und stellte sie dann auf eine Drehbank, um sie mit einem Fuß sowie mit einfachen Verzierungen zu versehen. Es ist sehr wahrscheinlich, dass sie flache Deckel hatten, sodass kein Staub und keine Insekten hineinfallen konnten.

Weinherstellung

Zur Zeit Jesu war an der Herstellung von Wein die ganze Gemeinde beteiligt. Nur wenige Bauern konnten sich eine eigene Weinpresse leisten. Stattdessen benutzten alle dieselbe, und das Pressen der Trauben ging mit gutem Essen und viel Spaß einher.

Bei dieser Weinpresse muss man Körbe mit Trauben aufeinander packen, um so den Saft herauszupressen. Andere Weinpressen hatten eine Grube, in der Arbeiter die Trauben mit den Füßen zerstampften.

Nach einiger Zeit ging dem Gastgeber der Wein aus. Das brachte ihn in große Verlegenheit. Die Mutter Jesu ging zu ihrem Sohn und erzählte ihm von dem Problem.

„Frau, das ist meine Sache, nicht deine!", erwiderte Jesus. „Meine Stunde ist noch nicht gekommen."

Maria war sich sicher, dass Jesus etwas unternehmen würde, und sie wies die Diener an, alles zu tun, was er ihnen sagte.

Im Haus gab es sechs riesige Gefäße aus Stein − Fässer für das Badewasser, und in jedes passten ungefähr 100 Liter. „Füllt sie mit Wasser", befahl Jesus den Dienern. Das taten sie auch.

„Jetzt nehmt eine Probe davon und bringt sie dem Mann, der für das Festessen verantwortlich ist." Auch das taten sie. Der Mann probierte davon und rief sofort den Bräutigam herbei. Er sagte: „Jeder bringt doch zuerst den guten Wein auf den Tisch, und wenn die Gäste schon reichlich getrunken haben, folgt der schlechtere. Aber du hast den guten Wein bis zuletzt aufgehoben."

✝ Die rechte Verwendung von Wein

Zur Zeit Jesu trank man täglich Wein. Doch die Bibel verurteilt auch die Trunksucht. Das hat dazu geführt, dass manche christliche Gruppierungen Alkohol strikt ablehnen, während er bei anderen sogar Teil der Abendmahlfeier ist.

18  Heilungswunder

Viele der Wunder, die Jesus vollbracht hat, sind Heilungswunder. Allerdings geht es in den Berichten häufig um mehr als nur darum, dass der Körper wieder gesund gemacht wird.

Gottes Macht über das Böse

In den Evangelien wird oft davon berichtet, wie Jesus bösen Geistern befiehlt, einen Menschen in Ruhe zu lassen. Hier ist ein Beispiel:

Aus der Menge rief ein Mann ihm zu: „Lehrer, ich bitte dich, sieh nach meinem Sohn! Er ist mein einziges Kind. Ein böser Geist packt ihn, lässt ihn plötzlich aufschreien, zerrt ihn hin und her, bis ihm der Schaum vor dem Mund steht, und lässt ihn kaum wieder los; er richtet ihn noch zugrunde. Ich habe deine Jünger gebeten, den bösen Geist auszutreiben, aber sie konnten es nicht."

Jesus antwortete: „Was seid ihr doch für eine verkehrte Generation, die Gott nichts zutraut! Wie lange soll ich noch bei euch aushalten und euch ertragen? Bring deinen Sohn hierher!"

Als der Junge kam, riss ihn der böse Geist zu Boden und zerrte ihn hin und her. Jesus sprach ein Machtwort zu dem bösen Geist, machte den Jungen gesund und gab ihn seinem Vater zurück. Da erschraken alle sehr über die Macht und Größe Gottes.

Lukas 9,38-43

Schlag nach

Gottes Macht über das Böse:
Lukas 9; siehe auch Matthäus 17; Markus 9

Aussätzige und Außenseiter:
Lukas 17

Böse Geister

Jesus lebte in einer Zeit, in der man für alle Arten von gesundheitlichen Beschwerden böse Geister verantwortlich machte. Heutzutage würden Ärzte viele dieser Beschwerden vermutlich anders erklären. Einig wäre man sich dann aber doch darüber, dass etwas Bösartiges den erkrankten Menschen daran hindert, ein erfülltes und glückliches Leben zu führen. Jesus befreite die Menschen davon.

Lepra

Manche Übersetzungen der Evangelien gebrauchen das Wort „Lepra" für die Hautkrankheit, die Menschen zu Aussätzigen machte. Inzwischen wird vielfach angenommen, dass es sich dabei nicht um die Krankheit handelte, die man heute als Lepra kennt. Trotzdem hat diese Verbindung zwischen Jesus und der Lepra im Laufe der Jahrhunderte viele Christen dazu ermutigt, sich als Mediziner dafür einzusetzen, diese Krankheit zu bekämpfen.

Ein Vater bittet Jesus, seinen Sohn zu heilen.

Aussätzige und Außenseiter

Zur Zeit Jesu wurden Menschen, die unter bestimmten Krankheiten litten, von der Gesellschaft als Aussätzige behandelt und ausgestoßen. Jesus heilte viele solcher Menschen und machte damit deutlich, dass er sie wieder in die Gemeinschaft aufgenommen sehen wollte.

In einer dieser Geschichten ist der Aussätzige, der geheilt wird, auch gesellschaftlich ein Außenseiter. In dem Fall ist es ein Samariter. Samariter waren Menschen, die in einer benachbarten Region lebten. Die meisten Juden verachteten sie, weil ihnen ihre Ansichten über den Gottesdienst nicht passten.

Nur einer der Männer, die geheilt wurden, kehrte zurück, um Jesus zu danken.

Auf dem Weg nach Jerusalem zog Jesus durch das Grenzgebiet von Samarien und Galiläa. Als er in ein Dorf ging, kamen ihm zehn Aussätzige entgegen. Sie blieben in gehörigem Abstand stehen und riefen laut: „Jesus! Herr! Hab Erbarmen mit uns!"

Jesus sah sie und befahl ihnen: „Geht zu den Priestern und lasst euch eure Heilung bestätigen!"

Und als sie unterwegs waren, wurden sie tatsächlich gesund.

Einer aus der Gruppe kam zurück, als er es merkte. Laut pries er Gott, warf sich vor Jesus nieder, das Gesicht zur Erde, und dankte ihm. Und das war ein Samariter.

Jesus sagte: „Sind nicht alle zehn gesund geworden? Wo sind dann die anderen neun? Ist keiner zurückgekommen, um Gott die Ehre zu erweisen, nur dieser Fremde hier?"

Dann sagte er zu dem Mann: „Steh auf und geh nach Hause, dein Vertrauen hat dich gerettet."

Lukas 17,11-19

✚ Heilen

Die Jahrhunderte hindurch haben sich viele Christen dafür eingesetzt, Jesu Wirken an den Kranken fortzuführen: Sie haben mitgewirkt, wenn es darum ging, Krankenhäuser zu bauen, oder sie haben medizinische Berufe ausgeübt. Auch heute sind unter denen, die den von Krieg, Hungersnot und Naturkatastrophen Betroffenen medizinische Hilfe bringen, viele Menschen christlichen Glaubens.

Viele Christen glauben außerdem an die Macht Gottes, Krankheiten durch Wunder zu heilen. Sie unternehmen deshalb Pilgerreisen an Orte, die für Wunderheilungen bekannt sind, und manchmal tritt auch tatsächlich eine Heilung ein. Das bekannteste Pilgerziel ist Lourdes in Frankreich. Selbst viele von denen, die nicht körperlich geheilt wurden, berichteten, dass sie während der Wallfahrt Gottes Liebe erfahren haben und dadurch getröstet wurden.

Ein Schwerkranker wird in die Grotte in Lourdes gefahren.

41

19 Die Wunder und das Gesetz

Schlag nach

Die Heilung des Gelähmten:
Markus 2; siehe auch Matthäus 9;
Lukas 5
Die Einhaltung des Sabbat:
Markus 3; siehe auch Matthäus 12;
Lukas 6
Die Heilung des Blinden:
Johannes 9
Nikodemus:
Johannes 3, siehe auch 7, 19

Es muss sich hier um eine Ansammlung von Gebäuden um einen Innenhof gehandelt haben, in dem eine größere Menschenmenge Platz hatte. Stufen führten zu einem Flachdach hinauf, das aus mit Ästen über Kreuz gelegten Sparren gefertigt und mit Schlamm verputzt war. Es werden ständig irgendwelche Reparaturen nötig gewesen sein.

Das Flachdach war ein nützlicher Teil des Hauses – eine Stelle, an der man Sachen lagern oder sich hinsetzen und ausruhen konnte. Nach dem Gesetz musste es mit einer kleinen Mauer oder einem Geländer versehen sein, damit niemand herunterfiel.

Die Fähigkeit Jesu, Wunder zu tun, führte schon bald zu ernsten Meinungsverschiedenheiten mit den religiösen Führern.

Einige Tage später kam Jesus nach Kafarnaum zurück, und bald wusste jeder, dass er wieder zu Hause war. Die Menschen strömten so zahlreich zusammen, dass kein Platz mehr blieb, nicht einmal draußen vor der Tür. Jesus verkündete ihnen die Botschaft Gottes.

Da brachten vier Männer einen Gelähmten herbei, aber sie kamen wegen der Menschenmenge nicht bis zu Jesus durch. Darum stiegen sie auf das flache Dach, gruben die Lehmdecke auf und beseitigten das Holzgeflecht, genau über der Stelle, wo Jesus war. Dann ließen sie den Gelähmten auf seiner Matte durch das Loch hinunter.

Als Jesus sah, wie groß ihr Vertrauen war, sagte er zu dem Gelähmten: „Mein Kind, deine Schuld ist vergeben!"

Da saßen aber einige Gesetzeslehrer, die dachten bei sich: „Was nimmt der sich heraus! Das ist eine Gotteslästerung! Nur Gott kann den Menschen ihre Schuld vergeben, sonst niemand!"

Jesus erkannte sofort, dass sie das dachten, und fragte sie: „Was macht ihr euch da für Gedanken? Was ist leichter – diesem Gelähmten zu sagen: Deine Schuld ist dir vergeben, oder: Steh auf, nimm deine Matte und geh umher? Aber ihr sollt sehen, dass der Menschensohn die Vollmacht hat, hier auf der Erde Schuld zu vergeben!"

Und er sagte zu dem Gelähmten: „Ich befehle dir: Steh auf, nimm deine Matte und geh nach Hause!" Der Mann stand auf, nahm seine Matte und ging vor aller Augen weg.

Markus 2,1-12

Den Sabbat einhalten

Schon zu Jesu Zeiten achteten gläubige Juden streng auf die Einhaltung ihrer Gesetze. Eines der zehn Gebote schrieb vor, dass am wöchentlichen Ruhetag, dem Sabbat, niemand arbeiten durfte. Gesetzeslehrer – von denen viele den Pharisäern angehörten – hatten sich bemüht, bis in die kleinste Einzelheit festzulegen, was das bedeutete. Jesus aber machte es anders:

Wieder einmal ging Jesus in eine Synagoge. Dort war ein Mann mit einer abgestorbenen Hand. Die Pharisäer hätten Jesus gerne angezeigt; darum beobachteten sie genau, ob er es wagen würde, ihn am Sabbat zu heilen.

Jesus sagte zu dem Mann mit der abgestorbenen Hand: „Steh auf und stell dich in die Mitte!"

Darauf fragte er die anderen: „Was darf man nach dem Gesetz am Sabbat tun? Gutes oder Böses? Einem Menschen das Leben retten oder ihn umkommen lassen?"

Er bekam keine Antwort. Da sah er sie zornig der Reihe nach an. Zugleich war er traurig, weil sie so engstirnig und hartherzig waren.

Dann sagte er zu dem Mann: „Streck deine Hand aus!"
Er streckte sie aus und sie wurde wieder gesund.

Da gingen die Pharisäer hinaus. Sie trafen sich sogleich mit den Parteigängern von Herodes und sie beschlossen miteinander, dass Jesus sterben müsse.

Markus 3,1-6

Macht von Gott

Das Johannesevangelium berichtet von einem bedeutenden Wunder, durch das es endgültig zum Bruch zwischen Jesus und den Pharisäern kam.

Ein Mann war von Geburt an blind. Jesus legte etwas Schlamm auf seine Augen, und als der Mann den abwusch, konnte er sehen – zum ersten Mal in seinem Leben.

Nachbarn brachten den Mann zu den Pharisäern, um ihnen zu zeigen, was passiert war. Doch die wurden sehr zornig. Sie wandten ein, dass Jesus ihn ja gar nicht heilen konnte, denn er sei ein Sünder, der sich nicht an das Gebot über den Sabbat hielt. Der Mann beharrte auf seiner Geschichte, dass Jesus ihn geheilt habe, und sagte dies:

„…Wir wissen doch alle, dass Gott das Gebet von Sündern nicht hört. Er hört nur auf die, die ihn ehren und seinen Willen befolgen. … Käme dieser Mann nicht von Gott, so wäre er dazu nicht fähig gewesen."

Johannes 9,31-33

Das machte die Pharisäer so wütend, dass sie den Mann aus der Synagoge warfen.

Nikodemus

Nicht alle religiösen Führer hassten Jesus. Einer von ihnen, er hieß Nikodemus, kam Jesus heimlich bei Nacht besuchen. Jesus erklärte ihm, dass er den Menschen Gottes Vergebung nahe bringen wolle. Manche Menschen würden sich so auf das Gesetz versteifen, dass sie nur allzu schnell bereit seien, die zu verurteilen, die es nicht fertig brächten, es einzuhalten. Weiter sagte Jesus:

Gott hat die Menschen so sehr geliebt, dass er seinen einzigen Sohn hergab. Nun werden alle, die sich auf den Sohn Gottes verlassen, nicht zugrunde gehen, sondern ewig leben. Gott sandte den Sohn nicht in die Welt, um die Menschen zu verurteilen, sondern um sie zu retten.

Johannes 3,16-17

Für viele Christen ist die Taufe ein Zeichen dafür, dass sie „wiedergeboren" worden sind.

✝ Wiedergeboren

Jesus sagte dem Nikodemus außerdem noch, dass er, wenn er zum Reich Gottes gehören wolle, „wiedergeboren" werden müsse, denn nur wer von Wasser und Geist geboren werde, könne in Gottes neue Welt hineinkommen. Nikodemus verstand diese Worte nicht ganz, doch seitdem gebrauchen viele Christen die Redewendung, wenn sie darüber berichten, wie Gottes Geist ihr Leben verändert hat.

20 Das Wunder der Brotvermehrung

Schlag nach

**Fünftausend Menschen
werden satt:**
*Johannes 6; siehe auch Matthäus 14;
Markus 6; Lukas 9*

**Viertausend Menschen
werden satt:**
Matthäus 15; Markus 8

In den Evangelien lesen wir, dass Jesus mehr als einmal durch ein Wunder große Menschenmengen mit Nahrung versorgte.

Fünftausend Menschen werden satt

Das Johannesevangelium berichtet von einem Tag, als eine riesige Menge aus fünftausend Menschen sich um Jesus versammelte, weil sie miterlebt hatten, wie er durch Wunder Kranke heilte. Jesus wollte sie nicht hungrig wieder weggehen lassen, deshalb fragte er seine Jünger, wo man etwas zu essen herbekommen könne. Die Jünger antworteten, in der Gegend könnten sie nirgendwo genug für so viele Menschen kaufen, und außerdem hätten sie kein Geld.

Ein Junge bot Jesus sein mitgebrachtes Essen aus Broten und Fisch an. Menschen, die den ganzen Tag unterwegs waren, hatten oft ihr Essen, in ein Tuch eingewickelt, dabei.

Brotbacken

Zur Zeit Jesu backte man das Brot als flache, runde Kuchen, ähnlich dem heutigen Fladenbrot.

Das Mehl wurde zusammen mit Salz, Öl, Hefe und Wasser zu einem Teig vermischt, und den ließ man dann aufgehen. Schließlich knetete man den Teig und formte flache Kuchen daraus.

Diese Frau backt Brot auf der heißen Außenwand eines Ofens, der wie ein Bienenkorb geformt ist, ganz so, wie es die Leute zur Zeit Jesu machten.

Andreas, ein anderer Jünger, der Bruder von Simon Petrus, sagte: „Hier ist ein Junge, der hat fünf Gerstenbrote und zwei Fische. Aber was ist das schon bei so einer Menschenmenge?"

„Sorgt dafür, dass die Leute sich setzen", sagte Jesus. Es gab viel Gras an dem Ort. Sie setzten sich; ungefähr fünftausend Männer waren da. Jesus nahm die Brote, sprach darüber das Dankgebet und verteilte sie an die Menge. Mit den Fischen tat er dasselbe, und alle hatten reichlich zu essen.

Johannes 6,8-11

Als alle fertig gegessen hatten, sammelten die Jünger noch zwölf Körbe mit den Resten voll. Alle waren außer sich vor Staunen und wollten, dass Jesus noch mehr so Spektakuläres tat und sich zum Anführer seines Volkes machte. Doch Jesus winkte ab. Er war enttäuscht darüber, dass die Leute seine Wunder nicht verstanden, und sagte:

Bemüht euch nicht um vergängliche Nahrung, sondern um wirkliche Nahrung, die für das ewige Leben vorhält.

Johannes 6,27

Er erklärte, dass er selbst das Brot des Lebens sei. Diejenigen, die Gott eine Freude machen und zum ewigen Leben gelangen wollten, müssten an ihn glauben. Die Bedeutung seines Wunders habe nichts mit kostenlosem Essen zu tun. Es gehe um etwas viel Wichtigeres.

Viertausend werden satt

In den Evangelien von Matthäus und Markus gibt es noch eine weitere Geschichte, und zwar darüber, wie Jesus viertausend Menschen zu essen gab. Sie ist ganz ähnlich wie die von den Fünftausend, die satt wurden. Bei dem Wunder der Speisung der Viertausend haben die Jünger zu Anfang sieben Brote und ein paar kleine Fische. Am Ende füllen sie mit den Resten sieben Körbe.

Dieses antike Mosaik mit Broten und Fischen findet man in einer Kirche in Galiläa.

21 🌴 Ruhe schaffen

In einigen der Wunder Jesu kommt seine Macht über die Kräfte der Natur zum Ausdruck.

Der Sturm auf dem See

Eines Abends forderte Jesus seine Jünger auf, gemeinsam mit ihm im Boot auf die andere Seite des Sees hinüberzufahren. Es wurde schon langsam dunkel.

Da kam auf einmal ein starker Wind auf, und die Wellen schwappten ins Boot hinein, sodass sich Wasser darin anzusammeln begann. Jesus lag im hinteren Teil des Bootes mit dem Kopf auf einem Kissen und schlief. Die Jünger weckten ihn auf und sagten: „Meister, kümmert es dich denn gar nicht, dass wir drauf und dran sind zu sterben?"

Jesus stand auf und befahl dem Wind: „Sei still!", und zu den Wellen sagte er: „Seid ruhig!" Da ließ der Wind nach, und es trat eine tiefe Stille ein. Und Jesus sagte zu seinen Jüngern: „Warum habt ihr solche Angst? Habt ihr immer noch keinen Glauben?"

Da bekamen es die Jünger erst recht mit der Angst zu tun. Wer war dieser Jesus nur, dass er sogar die dunklen Mächte des Windes und der Wellen dazu bringen konnte, ihm zu gehorchen?

Schlag nach

Der Sturm auf dem See:
Matthäus 8; Markus 4; Lukas 8

Jesus geht auf dem Wasser:
Matthäus 14; Markus 6; Johannes 6

Die Kraft des Glaubens:
Lukas 17; siehe auch Matthäus 17

Dunkle Mächte:
Psalm 46

Dieses Mosaik von einem Gehsteig in der Stadt Magdala in Galiläa zeigt ein Fischerboot. Es stammt etwa aus der Zeit Jesu.

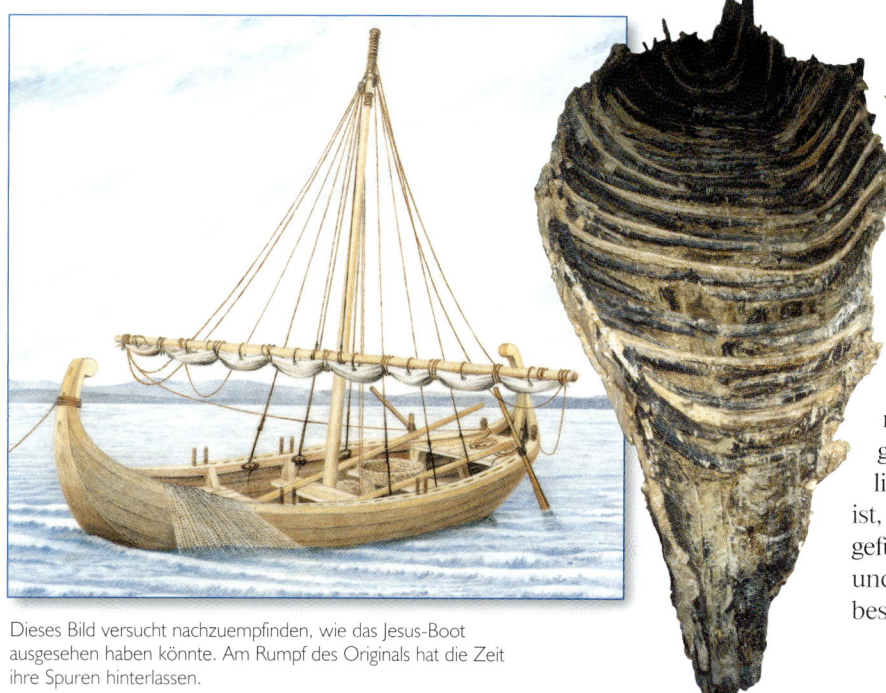

Dieses Bild versucht nachzuempfinden, wie das Jesus-Boot ausgesehen haben könnte. Am Rumpf des Originals hat die Zeit ihre Spuren hinterlassen.

Das Jesus-Boot

Im Jahr 1985 fand man im See Gennesaret die Überreste eines Bootes. Untersuchungen haben ergeben, dass es mit ziemlicher Sicherheit zur Zeit Jesu gebaut wurde. Es könnte sein, dass es bei einem der vielen Stürme auf dem See untergegangen ist. Es könnte aber auch ein paar Jahre nach Jesu Tod vorsätzlich zerstört worden sein, als römische Soldaten einen jüdischen Aufstand niederschlugen. Wie es auch immer gewesen sein mag, es ist sehr wahrscheinlich, dass das Boot, in dem Jesus gesegelt ist, ganz ähnlich aussah. Das Boot, das man gefunden hat, war ungefähr acht Meter lang und etwas mehr als zwei Meter breit und bestand aus Zedern- und Eichenbrettern.

Die Kraft des Glaubens

In den Geschichten, in denen Jesus den Sturm bändigt und auf dem Wasser geht, wirkt er überrascht darüber, dass es seinen Jüngern an Glauben fehlt. Einmal baten diese ihn, er möge ihren Glauben stärken. Darauf erwiderte Jesus:

„Wenn euer Vertrauen auch nur so groß wäre wie ein Senfkorn, dann könntet ihr zu dem Maulbeerbaum dort sagen: Zieh deine Wurzeln aus der Erde und verpflanze dich ins Meer!, und er würde euch gehorchen."

Lukas 17,6

Damit wollte er ausdrücken, dass diejenigen, die wahrhaftig auf Gott vertrauen, fähig werden, erstaunliche Dinge zu tun.

Dunkle Mächte

Das jüdische Volk war keine Seefahrernation. In seinen Erzähltraditionen ist eine stürmische See vielmehr ein Symbol für die dunklen Mächte des Chaos und des Bösen. Diejenigen, die die Geschichte von Jesus und dem Sturm hörten, werden sich Jesus demnach als jemand vorgestellt haben, der imstande war, alle unbezähmbaren und Grauen erregenden Kräfte der Erde zu besänftigen.

Der folgende Auszug aus einem Psalm der hebräischen Bibel zeugt von einem festen Glauben daran, dass Gott die Menschen vor ungestümen Kräften beschützt:

Gott ist unsere sichere Zuflucht, ein bewährter Helfer in aller Not. Darum haben wir keine Angst, auch wenn die Erde bebt und die Berge ins Meer versinken, wenn die Fluten toben und tosen und die Berge davon erzittern…

Psalm 46,2-4

Jesus geht auf dem Wasser

Bei einer anderen Gelegenheit fuhren die Jünger mit dem Boot hinaus, und Jesus blieb am Ufer zurück. Nach einer Weile kam ein Sturm auf, und mitten im Sturm ging Jesus los, um sich wieder zu seinen Freunden zu gesellen. Sie sahen, wie er auf dem Wasser ging, und wurden ganz starr vor Schreck. Petrus bat Jesus um die Erlaubnis, ihm entgegengehen zu dürfen, und ein paar Schritte weit konnte auch Petrus auf dem Wasser gehen. Doch dann geriet er in Panik und begann unterzugehen. „Rette mich, Herr!", rief er.

Sofort streckte Jesus die Hand aus und packte ihn. Dann sagte er: „Wie klein dein Glaube doch ist! Warum hast du denn nur gezweifelt?"

Danach stiegen sie beide wieder ins Boot, und der Wind legte sich. Die Jünger staunten sehr. Sie waren sich sicher, dass Jesus der Sohn Gottes war.

Schlag nach

Jairus' Tochter:
*Markus 5; siehe auch Matthäus 9;
Lukas 8*
Die Sprache Jesu:
Markus 5, 7, 15; siehe auch Matthäus 27

✠ Geheiligte Gegenstände

Die Geschichte auf dieser Seite erzählt von einer Frau, die geheilt wurde, nachdem sie den Mantel Jesu angefasst hatte. Im Mittelalter glaubte man, dass Gegenstände, die angeblich von Jesus oder anderen heiligen Menschen berührt worden waren, die Fähigkeit besaßen, jeden, der sie in die Hand nahm, zu heilen.

Den Tod besiegen, das ist eines der Dinge, die dem Menschen nicht möglich sind. Deshalb rufen die Geschichten, in denen Jesus Tote wieder lebendig macht, auch so viel Erstaunen hervor.

Jairus' Tochter

Es lebte einmal ein Mann mit Namen Jairus, der eine hohe Stellung in seiner Gemeinde innehatte. Seine Tochter war schwer erkrankt, und als er hörte, dass Jesus in der Stadt war, lief er los, um ihn zu suchen.

Jesus war einverstanden, mitzukommen und zu helfen, doch wegen der vielen Menschen kam er nicht sehr schnell vorwärts. Und dann war da auch noch diese Frau, die mitten in dem ganzen Drängen und Schieben Jesus am Mantel packte, weil sie sich dadurch Heilung erhoffte. Jesus bemerkte, dass eine Kraft von ihm ausgegangen war, und blieb stehen, um mit der Frau zu sprechen. Auf diese Weise heilte er sie von einer Krankheit, die sie schon seit vielen Jahren geplagt hatte.

Jairus war außer sich vor Sorge. Warum konnte sich Jesus denn nicht beeilen? Da kam ein Diener mit der denkbar schlimmsten Nachricht: Die Tochter war gestorben.

„Hab keine Angst", sagte Jesus. „Glaube einfach nur."

Was es bedeutete, zur Zeit Jesu ein Kind zu sein

In dem Evangelienbericht über die Wiedererweckung von Jairus' Tochter heißt es, das Mädchen sei etwa zwölf Jahre alt gewesen. Deshalb wird man sie damals kaum noch als Kind angesehen haben. Es war ein Alter, in dem viele Mädchen schon heirateten.

Zwar wurden die Jungen in der Regel zur Schule geschickt, wo sie Lesen und Schreiben und die hebräische Sprache lernten, die meisten Mädchen jedoch blieben zu Hause. Dort brachte man ihnen die Fertigkeiten bei, die sie später als Hausfrauen brauchen würden: Mahlzeiten zuzubereiten, aus Korn Mehl zu mahlen und eigenes Gemüse anzubauen, Wasser vom Brunnen zu holen, Wolle zu spinnen, Stoffe zu weben und daraus Kleider zu nähen, eigene Erzeugnisse auf dem Markt zu verkaufen und so für die Familie etwas dazuzuverdienen, und schließlich, Babys und größere Kinder zu versorgen.

Zur Zeit Jesu gab es Leute, deren Beruf es war, Tote zu betrauern. Sie kamen zu dem Haus, in dem jemand gestorben war, und trauerten lautstark um ihn.

Die Sprache Jesu

In der Geschichte, in der Jesus Jairus' Tochter wieder zum Leben erweckt, heißt es, dass Jesus sagt: „Talita, kum." In diesem Evangelium werden nur noch an wenigen anderen Stellen die genauen Worte wiedergegeben, die Jesus in seiner eigenen Sprache gesprochen haben soll.
Das folgende ist eines der bekanntesten. Es ist ein Teil von dem, was Jesus am Kreuz sagte:

Gegen drei Uhr schrie Jesus:
„Eloï, eloï, lema sabachtani?"
– das heißt übersetzt:
„Mein Gott, mein Gott,
warum hast du mich verlassen?"

Markus 15,34

Als sie am Haus ankamen, hatten sich dort schon Leute eingefunden, die laut klagend das Mädchen betrauerten. Jesus schickte sie fort. Dann ging er ins Haus, zusammen mit Jairus und der Mutter des Kindes und mit Petrus, Jakobus und Johannes.

Er betrat das Zimmer, in dem das Mädchen lag. Jesus nahm es bei der Hand und sagte: „Talita, kum." Das bedeutet: „Steh auf, Mädchen!"

Und sofort stieg sie vom Bett auf.

Die Worte sind in aramäischer Sprache gesprochen. Das Aramäische gehört zur selben Sprachgruppe wie das Hebräische. Unter anderem aus diesem Grund nimmt man allgemein an, dass Jesus im normalen Alltag Aramäisch gesprochen hat. Wahrscheinlich verstand er auch ein wenig Latein, denn das war die offizielle Sprache im römischen Reich. Regierungsbeamte werden Latein gesprochen haben. Allerdings war die im gesamten Reich am weitesten verbreitete Sprache Griechisch. Das heißt, Jesus konnte vermutlich auch ein wenig Griechisch.

23 Lazarus

Schlag nach

Die Bedeutung von Wundern:
Matthäus 16; Markus 8
Lazarus:
Johannes 11
Maria und Marta:
Lukas 10

Zu den Freunden Jesu gehörte auch eine Familie von zwei Schwestern, Maria und Marta, und ihrem Bruder Lazarus. Sie lebten in einem Dorf namens Betanien in der Nähe von Jerusalem.

Als Jesus hörte, dass Lazarus krank geworden war, wollte er zu ihm gehen und ihm beistehen. Allerdings hatte er es nicht sonderlich eilig damit.

Da kam die Nachricht, dass Lazarus gestorben war. Jesus sagte zu seinen Jüngern:

„Lazarus ist tot. Und euretwegen bin ich froh, dass ich nicht bei ihm war. So wird euer Glaube gefestigt."

Johannes 11,14-15

Maria und Marta sind außer sich vor Staunen, als sie Lazarus aus seinem Grab kommen sehen.

Die Bedeutung von Wundern

Die Pharisäer kamen einmal zu Jesus und forderten ihn auf, ein Wunder zu tun, um zu zeigen, dass Gott auf seiner Seite stehe. Jesus weigerte sich, das zu tun. In der Geschichte von Lazarus dagegen scheint er froh zu sein, dass die Jünger etwas miterleben können, das ihren Glauben stärkt. Anscheinend will Jesus deutlich machen, dass Wunder dazu da sind, denen zu helfen, die schon glauben, und nicht als Lockmittel für die dienen sollen, die keinen Glauben haben.

Beerdigungsriten

Das Land, in dem Jesus lebte, hat ein sehr warmes Klima. Daher war es wichtig, einen Toten so schnell wie möglich zu beerdigen, bevor er anfing zu verwesen. Er wurde in Tücher gewickelt und auf einer Bahre zum Grab getragen. Das Grab sah aus wie eine Höhle. Innen gab es einen Felsvorsprung, auf den man den Toten legte. Eine Tür aus Stein verschloss dann diesen Raum, in den der Tote gelegt worden war. Nach ungefähr einem Jahr, wenn der Körper verwest war, sammelte man die Knochen auf und legte sie in ein so genanntes Beinhaus.

Dieses Beinhaus aus Stein ist ein typisches Beispiel für die Beinhäuser, die zur Zeit Jesu verwendet wurden. Auf ihm sind die Namen von Maria und Josef eingraviert, doch es gibt keinen Beweis, der es mit der Familie Jesu in Verbindung bringt.

Diese Abbildung zeigt den Eingang zu der Grabstätte, die als das „Lazarus-Grab" bekannt ist. Sie wird heutzutage von vielen Pilgern besucht. Die Grabstätte sieht aus wie eine Felshöhle. Stufen führen in eine unterirdische Kammer hinab.

Als sie schließlich in Betanien eintrafen, erfuhren sie, dass Lazarus schon vor vier Tagen beerdigt worden war. Marta kam aus dem Haus, um Jesus und seine Freunde zu begrüßen.

Marta sagte zu Jesus: „Herr, wenn du hier gewesen wärst, hätte mein Bruder nicht sterben müssen. Aber ich weiß, dass Gott dir auch jetzt keine Bitte abschlägt."

„Dein Bruder wird auferstehen", sagte Jesus zu Marta.

„Ich weiß", erwiderte sie, „er wird auferstehen, wenn alle Toten lebendig werden, am letzten Tag."

Jesus sagte zu ihr: „Ich bin die Auferstehung und das Leben. Wer mich annimmt, wird leben, auch wenn er stirbt, und wer lebt und sich auf mich verlässt, wird niemals sterben, in Ewigkeit nicht. Glaubst du mir das?"

Sie antwortete: „Ja, Herr, ich glaube, dass du der versprochene Retter bist, der Sohn Gottes, der in die Welt kommen soll."

Johannes 11,21-27

Als Jesus ins Haus kam, fand er dort Maria vor, die weinte, und viele Leute, die versuchten, die beiden Schwestern zu trösten. Darauf ging Jesus mit ihnen zum Grab und weinte auch.

Bei dem Grab handelte es sich um eine Höhle mit einem Stein vor dem Eingang als Tür. Zum allgemeinen Erstaunen ordnete Jesus an, dass man den Stein wegrollen solle. Er rief Lazarus … und dieser kam heraus. Er hatte noch die Grabtücher umgebunden, und auch sein Gesicht war verhüllt.

Maria und Marta

Lukas erzählt die Geschichte von einem anderen Besuch Jesu bei Maria und Marta.

Maria setzte sich zu seinen Füßen auf den Boden und lauschte begeistert dem, was Jesus zu sagen hatte. Marta blieb es überlassen, all die vielen Dinge zu erledigen, die anfallen, wenn man Gäste hat.

Als Marta klar wurde, dass man sie die ganze Arbeit alleine machen ließ, wurde sie wütend. Sie verlangte von Jesus, dass er Maria anwies, sie solle ihr gefälligst helfen. Jesus antwortete:

„Marta, Marta, du machst dir viele Sorgen und verlierst dich an vielerlei, aber nur eins ist nötig. Maria hat die richtige Wahl getroffen. Sie hat sich für ein Gut entschieden, das ihr niemand wegnehmen kann."

Lukas 10,41-42

24 Jesus und seine Lehren

Es ging Jesus nicht in erster Linie darum, die Menschen durch seine Wunder in Erstaunen zu versetzen. Er wollte vielmehr, dass sie auf das hörten, was er zu sagen hatte. So sprach er zum Beispiel von einem neuen Königreich:

„Ändert euer Leben! Gott wird jetzt seine Herrschaft aufrichten und sein Werk vollenden!"

Matthäus 4,17

Manchmal drückte er es auch so aus:

„Ich muss … die Gute Nachricht verkünden, dass Gott seine Herrschaft aufrichtet; denn dazu hat Gott mich gesandt."

Lukas 4,43

Was ist das Himmelreich?

Das Himmelreich, sagt Jesus, ist hier und jetzt.
Die Menschen, die darin wohnen, sind „die, die tun, was mein Vater im Himmel von ihnen verlangt."

Rätselhafte Gleichnisse

Was haben die Gleichnisse Jesu zu bedeuten? Er hat sie nie erklärt. Vielmehr sagte er, dass nur die, die ihm folgten, in der Lage wären, zu begreifen, was die Gleichnisse wirklich aussagen … und selbst diese Leute waren oft mit ihrer Weisheit am Ende!

Jesus sagte: „Wer Ohren hat, soll gut zuhören."

Arme beim Festmahl des reichen Mannes

So zu leben, wie Gott es will, das gab Jesus zu bedenken, sei nicht einfach, und nicht viele hielten sich daran.

*„Geht durch das enge Tor! Denn das Tor zum Verderben ist breit und ebenso die Straße, die dorthin führt.
Viele sind auf ihr unterwegs.
Aber das Tor, das zum Leben führt, ist eng und der Weg dorthin schmal. Nur wenige finden ihn."*

Matthäus 7,13-14

Das Himmelreich

Jesus benutzte viele verschiedene Bilder, um den Menschen das Himmelreich zu erklären. Hier sind einige Beispiele:

Unkraut

Jesus sagte, mit dem Himmelreich sei es genauso wie mit einem Acker, auf dem ein Mann guten Samen ausgesät hatte. In der Nacht kam dann ein Feind des Mannes und streute Unkrautsamen aus. Die gute und die schlechte Saat wuchsen zusammen heran. Erst bei der Ernte würde man die gute Saat sicher einbringen und die schlechte fortwerfen können.

Hefe

Einmal verglich Jesus das Himmelreich auch damit, wie eine Frau etwas Hefe nimmt und sie mit viel Mehl vermischt, damit der Teig auch schön dick wird.

Senfkörner

Jesus sagte, das Himmelreich sei wie ein winzig kleines Senfkorn. Es wächst zu einer großen Pflanze heran, und Vögel bauen sich ihr Nest darin.

Schatz

Jesus meinte auch, mit dem Himmelreich sei es wie mit einem Schatz, den jemand auf einem Acker vergraben findet. Sobald er ihn entdeckt hat, schüttet er ihn wieder zu. Dann verkauft er alles, was er besitzt, und kauft sich den Acker.

Perle

Auch so erklärte Jesus das Himmelreich: Ein Mann sammelt schöne Perlen. Er findet eine, die schöner ist als alle, die er je gesehen hat. Da verkauft er seinen ganzen Besitz, damit er diese Perle kaufen kann.

Netz

Jesus sagt, mit dem Himmelreich ist es wie mit dem Fischen. Die Fischer werfen ihre Netze aus und ziehen ihren Fang ein. Das Gute behalten sie, und das Schlechte werfen sie fort.

Jesus erzählte einmal eine Geschichte, die seinen Zuhörern warnend vor Augen führen sollte, was geschehen werde, wenn sie Gottes Einladung ausschlügen:

„Ein Mann hatte viele Leute zu einem großen Essen eingeladen. Als die Stunde für das Mahl da war, schickte er seinen Diener, um die Gäste zu bitten: Kommt! Alles ist hergerichtet! Aber einer nach dem andern begann, sich zu entschuldigen.

Der erste erklärte: Ich habe ein Stück Land gekauft, das muss ich mir jetzt unbedingt ansehen; bitte, entschuldige mich. Ein anderer sagte: Ich habe fünf Ochsengespanne gekauft und will gerade sehen, ob sie etwas taugen; bitte, entschuldige mich. Ein dritter sagte: Ich habe eben erst geheiratet, darum kann ich nicht kommen.

Der Diener kam zurück und berichtete alles seinem Herrn. Da wurde der Herr zornig und befahl ihm: Lauf schnell auf die Straßen und Gassen der Stadt und hol die Armen, Verkrüppelten, Blinden und Gelähmten her!

Der Diener kam zurück und meldete: Herr, ich habe deinen Befehl ausgeführt, aber es ist immer noch Platz da.

Der Herr sagte zu ihm: Dann geh auf die Landstraßen und an die Zäune draußen vor der Stadt, wo die Landstreicher sich treffen, und dränge die Leute hereinzukommen, damit mein Haus voll wird!"

Jesus schloss: „Das sollt ihr wissen: Von den zuerst geladenen Gästen kommt mir niemand an meinen Tisch!"

Lukas 14,16-24

Sein wie ein Kind

Jesus sagte, dass Kinder schon von Natur aus im Himmelreich einen Platz haben. Einmal brachten einige Leute ihre Kinder zu Jesus und baten ihn, sie zu segnen. Die Jünger wollten sie wieder wegschicken mit der Begründung, Jesus habe zu viel zu tun. Doch Jesus rief die Leute zurück und sagte:

„Lasst doch die Kinder! Hindert sie nicht, zu mir zu kommen; denn für Menschen wie sie steht Gottes neue Welt offen."

Matthäus 19,14

25 🌴 Wer zuhört und wer handelt

Schlag nach

Das Gleichnis vom Sämann:
Matthäus 13; siehe auch Markus 4; Lukas 8

Ackerland auf den Hügeln um den See Gennesaret. Die Menschen, die Jesu Gleichnis vom Sämann hörten, waren in einer solchen Landschaft zu Hause, wo hohes, stacheliges Unkraut in dem steinigen Boden gut gedieh.

Nachdem die Saat ausgestreut worden ist, wird sie in den Boden untergepflügt.

Jesus sagte, dass Menschen, die vom Himmelreich erfahren, ganz unterschiedlich darauf reagieren. Die folgende Geschichte macht es leichter zu verstehen, was er meinte:

Das Gleichnis vom Sämann

„Ein Bauer ging aufs Feld, um zu säen. Als er die Körner ausstreute, fiel ein Teil von ihnen auf den Weg. Die Vögel kamen und pickten sie auf.

Andere Körner fielen auf felsigen Grund, der nur mit einer dünnen Erdschicht bedeckt war. Sie gingen rasch auf, weil sie sich nicht in der Erde verwurzeln konnten; als aber die Sonne hochstieg, vertrockneten die jungen Pflanzen, und weil sie keine Wurzeln hatten, verdorrten sie.

Wieder andere Körner fielen in Dornengestrüpp, das bald das Getreide überwucherte und erstickte.

Andere Körner schließlich fielen auf guten Boden und brachten Frucht. Manche brachten hundert Körner, andere sechzig und wieder andere dreißig.“

Und Jesus sagte: „Wer Ohren hat, soll gut zuhören!“

Matthäus 13,4-9

Dieses Gleichnis hat Jesus erzählt – zwar nicht der Menschenmenge, aber seinen Jüngern.

Der Samen steht für die Menschen, die Jesus über das Himmelreich sprechen hören.

Manche Menschen sind wie der Samen, der auf den Weg fällt: Sie hören die Worte, verstehen aber ihre Bedeutung nicht. Der „Teufel" kommt und schnappt alles wieder weg, was sie vielleicht im Ansatz begriffen haben.

Mit anderen ist es wie mit dem Samen, der auf felsigen Boden fällt. Sie hören die Botschaft und verstehen sie auch. Sie fangen sogar an, ihr Leben zu ändern. Wenn dann allerdings schwere Zeiten kommen, geben sie auf.

Wieder anderen ergeht es wie dem Samen, der zwischen die Dornen fällt. Sie glauben das, was sie hören, doch die Sorgen des Alltags und ihre Vorliebe für Geld und ein gutes Leben führen dazu, dass sie sich nicht wirklich ändern.

Bei anderen schließlich ist es wie bei dem Samen, der auf guten Boden fällt. Sie hören und verstehen die Botschaft, und sie bringen dann auch Frucht: manche hundertfach, andere sechzigfach und wieder andere dreißigfach.

Matthäus 13,23

Das Säen

Zur Zeit Jesu säte man den Samen so aus, wie es das Gleichnis beschreibt. Hier ein Gedicht über das landwirtschaftliche Jahr:

*Zwei Monate um die Oliven zu ernten,
dann zwei Monate für das Korn,
zwei Monate gehören dem späten Samen,
wenn der Regen ergießt sich von vorn.*

*Einen Monat hacken wir den Flachs
und lassen ihn in der Sonne stehn.
Im nächsten dann kommt die Gerste herein,
wenn an die Ernte wir gehn.*

*Einen Monat lang binden wir Weizengarben
und lassen vom Koch uns verwöhnen.
Auch die Weinberge wollen zwei Monate Zeit,
dann fließt bald der Wein auch in Strömen.*

Ein Monat bleibt für die Früchte des Sommers, die Sonne sie dann noch vollendet. Sagt Dank unsrem Gott, denn von ihm stammt das Land, das Nahrung und Leben uns spendet.

Das oben abgedruckte Gedicht ist nach dieser Steininschrift entstanden. Man nennt sie den Kalender von Geser, der zurückgeht auf die Zeit von König Davids Sohn Salomo, Hunderte Jahre vor Christi Geburt.

26  Im Himmel sind alle gleich

Die alten Gesetze

Der Gedanke, dass vor Gott alle Menschen gleich sind, war nicht neu. Die Jesus und seinen Zuhörern bekannten heiligen Schriften erinnerten die Menschen häufig daran, dass ihre Vorfahren vor langer Zeit in Ägypten Fremde und Sklaven gewesen waren. Aus diesem Grund sollten sie nicht auf die herabsehen, die sie für Außenseiter hielten. Selbst ein König sollte sich an diese Weisung halten:

Der König ... muss ... sich dieses Gesetzbuch abschreiben lassen, das die Priester aus dem Stamm Levi aufbewahren. Er soll die Abschrift stets greifbar haben und alle Tage darin lesen. So lernt er, den Herrn, seinen Gott, ernst zu nehmen und alle Gebote dieses Gesetzbuches sorgfältig zu beachten. Das wird ihn davor bewahren, auf die anderen Israeliten, die doch seine Brüder sind, herabzusehen und sich über Gottes Weisung hinwegzusetzen.

Deuteronomium 17,17-20

Was Jesus über das Himmelreich sagt, kann manchmal auch ein wenig verwirren. Dennoch glauben die Christen daran, dass Jesus von einem guten Gott erzählt, der immerzu großzügig ist und für den alle Menschen den gleichen Wert besitzen. Wem das nicht gefällt, der gehört zu denjenigen, die sich für besser halten als andere!

Die Ersten und die Letzten

Jesus beschrieb das Himmelreich einmal folgendermaßen:

Ein reicher Mann besaß einen Weinberg. Zur Erntezeit ging er ganz früh morgens auf den Marktplatz, um dort Leute anzuwerben, die auf der Suche nach einem Gelegenheitsjob waren. Er fand auch welche und einigte sich mit ihnen auf den Lohn: eine Silbermünze. Um neun Uhr stellte er fest, dass er noch mehr Arbeiter benötigte. Also ging er noch einmal los und stellte noch weitere ein, denen er einen gerechten Lohn versprach. Das Gleiche machte er zur Mittagszeit, dann um drei Uhr nachmittags und um fünf.

Um sechs Uhr wurde es Zeit, Feierabend zu machen. Die Männer, die um fünf eingestellt worden waren, bekamen eine Silbermünze, wie alle anderen auch, einschließlich derer, die schon früh morgens mit der Arbeit begonnen hatten. Sie fingen an zu murren.

Einem von ihnen gab der Weinbergsbesitzer daraufhin zur Antwort: „Hör mal, ich habe dich nicht übers Ohr gehauen. Du warst damit einverstanden, für eine Silbermünze einen ganzen Tag lang zu arbeiten. Jetzt nimm deinen Lohn und geh nach Hause. Ich möchte dem Mann, den ich als Letzten eingestellt habe, genauso viel geben, wie ich dir gegeben habe. Habe ich nicht das Recht, mit meinem Geld zu machen, was ich will? Bist du neidisch, weil ich großzügig bin?"

Und Jesus fasste zusammen: „Die Letzten werden die Ersten sein und die Ersten die Letzten."

Vom großen Festmahl

Bei anderer Gelegenheit bemerkte Jesus, wie sich einige Leute, die zu einem festlichen Essen eingeladen waren, die besten Plätze sicherten. Er führte ihnen vor Augen, wie dumm das doch sei: Vielleicht war ja noch jemand eingeladen, der dem Gastgeber wichtiger war. Wenn sie dann ihren Platz wieder abgeben müssten, wären sie blamiert und müssten sich schämen. Er gab ihnen folgenden Rat: „Wenn ihr eingeladen seid, setzt euch immer ans Ende des Tisches. Dann wird euer Gastgeber zu euch kommen und sagen: ‚Komm mein Freund, setz dich auf einen besseren Platz.' Das wird euch vor allen anderen Gästen auszeichnen. Denn alle, die sich selbst aufwerten, werden herabgesetzt, aber die, die bescheiden sind, werden belohnt."

Söhne des Donners

Die Mutter von Jakobus und Johannes bat Jesus, er möge doch bitte darauf achten, dass ihre Söhne im Himmel eine besondere Stellung einnähmen. Jesus erwiderte, das könne nur Gott entscheiden. Es machte die anderen Jünger wütend, dass zwei von ihnen mehr wert sein wollten. Jesus redete ihnen ins Gewissen:

„Wer von euch groß sein will, soll euer Diener sein, und wer der Erste sein will, soll allen anderen Sklavendienste leisten.

Auch der Menschensohn ist nicht gekommen, um sich bedienen zu lassen, sondern um zu dienen und sein Leben als Lösegeld für alle Menschen hinzugeben."

Markus 10,43-45

Der Größte im Himmelreich

Eines Tages kamen die Jünger zu Jesus und fragten ihn: „Wer ist im Himmelreich der Größte?"

Jesus rief ein Kind herbei und stellte es vor sie hin. Dann erklärte er seinen Freunden, sie müssten werden wie die Kinder, um überhaupt erst in den Himmel hereinzukommen.

Wer es auf sich nimmt, vor den Menschen so klein und unbedeutend dazustehen wie dieses Kind, ist in der neuen Welt Gottes der Größte.

Matthäus 18,4

In biblischer Zeit mussten sich die Kinder viele ihrer Spielsachen aus einfachsten Materialien selber machen. Dieses auf eine Steinplatte aufgemalte Brettspiel wird mit Kieselsteinen gespielt.

✠ Ein Leben, in dem alle gleich sind

Weil Jesus so viel von der Gleichheit aller Menschen gesprochen hat, bemühen sich einige christliche Gruppen nach Kräften, in ihrer Kirche niemandem eine besondere Stellung zuzugestehen. Selbst diejenigen, die höhere Verantwortung tragen, haben keinen Titel, der klingt, als wären sie mehr wert. Es kommt eher vor, dass sie sich gegenseitig einfach als Bruder und Schwester ansprechen.

Die Kleiderordnung dieser Mädchen aus der Religionsgemeinschaft der Amish zeigt den Wunsch, ein schlichtes Leben zu führen, in dem alle gleich sind.

Manche christliche Gruppen halten sich darüber hinaus an strenge Lebensregeln. Damit soll versucht werden, das Leben für alle so einheitlich wie möglich zu gestalten. Ein Beispiel sind die verschiedenen Täufergemeinschaften in Nordamerika: die Mennoniten, Amische und Hutterer. Viele von ihnen haben sich entschieden, die Kleiderordnung beizubehalten, die im 16. oder 17. Jahrhundert festgelegt wurde und die nur sehr begrenzten Spielraum für Formen und Farben lässt. Die Jahrhunderte hindurch haben ihnen ihr fester Glaube und ihr Engagement, allem Spott zum Trotz, großen Respekt eingebracht.

27 Reiche Menschen und das Himmelreich

Wer ist selig zu nennen?

Jesus sagte einmal:

Freut euch, ihr Armen!
Ihr werdet mit Gott leben
in seiner neuen Welt.
Freut euch, die ihr jetzt
Hunger habt! Gott wird
euch satt machen. Freut
euch, die ihr jetzt weint!
Bald werdet ihr lachen. ...
Aber weh euch, ihr
Reichen! Ihr habt euren
Anteil schon kassiert.
Weh euch, die ihr jetzt
satt seid! Ihr werdet
hungern. Weh euch, die ihr
jetzt lacht! Ihr werdet
weinen und klagen.

Lukas 6,20-25

Die reichen Freunde Jesu

Jesus zählte aber auch reiche Leute zu seinen Freunden. Wie Lukas berichtet, sorgte eine Reihe von wohlhabenden Frauen, unter ihnen Johanna und Susanna, dafür, dass Jesus und seine Jünger ohne Geldsorgen lehren und predigen konnten.

Kann ein reicher Mensch in den Himmel kommen? Nicht so ohne weiteres, sagt Jesus. Oft hat er Reiche gewarnt, ihr Geld könnte sie ganz leicht dazu verleiten, sich nicht mehr für Dinge von bleibendem Wert zu interessieren.

"Sammelt keine Schätze hier auf der Erde! Denn ihr müsst damit rechnen, dass Motten und Rost sie zerfressen oder Einbrecher sie stehlen. Sammelt lieber Schätze bei Gott. Dort werden sie nicht von Motten und Rost zerfressen und können auch nicht von Einbrechern gestohlen werden. Denn euer Herz wird immer dort sein, wo ihr eure Schätze habt."

Matthäus 6,19-21

Der reiche junge Mann

Eines Tages kam ein reicher junger Mann zu Jesus und fragte ihn, was er denn tun müsse, um einmal in Gottes Reich zu kommen. Der junge Mann wusste um die Einhaltung der Gebote und die rechte Lebensweise. Deshalb erwiderte Jesus, er müsse nur noch seinen ganzen Besitz verkaufen, das Geld den Armen geben und sich dann ihm und den Jüngern anschließen. Dazu fühlte sich der junge Mann nicht stark genug. Aber selbst seine Jünger erschraken über das, was Jesus als Nächstes sagte:

"Wie schwer haben es doch die Besitzenden,
in die neue Welt Gottes zu kommen!
... Eher kommt ein Kamel durch
ein Nadelöhr als ein Reicher
in Gottes neue Welt."

Markus 10,23-25

Ein Gleichnis über Reichtum

Jesus erzählte einmal die folgende Geschichte als Gleichnis für die Gefahren, die es mit sich bringt, sich zu sehr auf sein Geld zu verlassen:

Es lebte einmal ein reicher Mann. Seine Felder brachten üppige Ernten hervor. Doch eines bereitete ihm große Sorge: Er hatte nicht genügend Scheunen, in denen er die Früchte seiner überreichen Ernten lagern konnte. Was konnte er nur tun? Wie sollte er seinen Reichtum sichern?

Da kam ihm eine Idee. „Ich reiße meine Scheunen ab und baue größere!", sagte er. „Dann kann ich das ganze Getreide und alle meine Vorräte dort unterbringen und kann zu mir selbst sagen: Gut gemacht! Jetzt bist du auf viele Jahre versorgt. Gönne dir Ruhe, iss und trink nach Herzenslust und genieße das Leben."

Doch schon in der folgenden Nacht starb er. All sein Besitz nutzte ihm nichts mehr. Er war zwar reich gewesen an den Dingen dieser Welt, aber nicht an dem, was bei Gott zählt.

In Jerusalem fand man die Überreste einer Villa, die einem reichen Mann zur Zeit Jesu gehört hat. Das üppig ausgestattete Haus besaß elegante Zimmer und stilvolle Mosaikfußböden, und der Besitzer konnte sich kostbares Geschirr und Gläser leisten. Zweifellos konnte er sich auch teuer kleiden – vielleicht orientierte er sich ja an der römischen Mode, wenn das seinem Geschmack entsprach.

Diese wunderschön verzierten Töpferwaren gehören zu den Dingen, die man in der Villa in Jerusalem fand. Jesus warnte die Menschen davor, ihr Herz zu sehr an materielle Gegenstände zu hängen.

Keine Sorge

Das eigentliche Problem mit dem Reichsein, so sagte Jesus, ist, dass man sich dabei zu sehr über materielle Dinge Gedanken macht und über das, was man alles noch braucht oder gerne noch hätte. Dann aber sorgt man sich nicht mehr um das, was Gott wichtig ist.

„Seht euch die Vögel an!", sagte Jesus. „Sie säen nicht, sie ernten nicht, sie sammeln keine Vorräte – aber euer Vater im Himmel sorgt für sie.

Seht, wie die Blumen auf den Feldern wachsen! Sie arbeiten nicht und machen sich keine Kleider, doch ich sage euch: Nicht einmal Salomo bei all seinem Reichtum war so prächtig gekleidet wie irgendeine von ihnen.

Also macht euch keine Sorgen! Fragt nicht: Was sollen wir essen? Was sollen wir trinken? Was sollen wir anziehen? Mit all dem plagen sich Menschen, die Gott nicht kennen. Euer Vater im Himmel weiß, dass ihr all das braucht."

Es waren viele Arbeitsstunden nötig, um selbst die einfachsten Leinenkittel wie diese hier herzustellen, das begann schon bei der Ernte der Flachspflanzen. Gott hat die blauen Flachsblumen und die weißen Gänseblümchen mit einer natürlichen Anmut ausgestattet.

28 Das Gebet

In den Evangelien lesen wir, dass Jesus häufig früh morgens aufstand und in die freie Natur hinaus ging. Dort betete er, das heißt, er verbrachte Zeit damit, mit Gott zu sprechen. Den Jüngern blieb das alles nicht verborgen. Lukas berichtet, dass sie Jesus baten, ihnen doch beizubringen, wie man am besten betet, so wie es Johannes der Täufer mit seinen Freunden getan hatte. Da nannte Jesus ihnen das folgende Gebet:

Schlag nach

Das Vaterunser:
Lukas 11; Matthäus 6

Die Bedeutung des Verzeihens:
Matthäus 18

Das Vaterunser

Das Gebet, das Jesus seinen Freunden mit auf den Weg gab, wird im christlichen Glauben von allen Gebeten am meisten verwendet. Man nennt es entweder das Vaterunser oder das Gebet des Herrn, und Christen auf der ganzen Welt sprechen es tagtäglich.

Dies hier ist eine heute gebräuchliche Version:

Vater unser im Himmel,
geheiligt werde dein Name.
Dein Reich komm.
Dein Wille geschehe,
wie im Himmel so auf Erden.
Unser tägliches Brot gib uns
*   heute.*
Und vergib uns unsere Schuld,
wie auch wir vergeben unseren
*   Schuldigern.*
Und führe uns nicht in
*   Versuchung, sondern erlöse uns*
*   von dem Bösen.*

Es gibt noch einen Abschlusssatz, den viele Christen seit Jahrhunderten dazu sprechen:

Denn dein ist das Reich und
die Kraft und die Herrlichkeit
in Ewigkeit. Amen.

Vater!
Mach deinen Namen groß in der Welt!
Komm und richte deine Herrschaft auf!
*   Gib uns jeden Tag, was wir zum Leben brauchen.*
*   Vergib uns unsere Verfehlungen,*
denn auch wir vergeben allen,
die an uns schuldig geworden sind.
Und lass uns nicht in die Gefahr kommen,
dir untreu zu werden.

Lukas 11,2-4

Bei Matthäus steht das gleiche Gebet, mit nur ein paar Unterschieden. Es ist zwar nur ein kurzes Gebet, erklärt Jesus, aber das ist genug.

Unser Vater im Himmel!
Mach deinen Namen groß in der Welt.
Komm und richte deine Herrschaft auf.
Verschaff deinem Willen Geltung,
auf der Erde genauso wie im Himmel.
Gib uns, was wir heute zum Leben brauchen.
Vergib uns unsere Schuld,
wie auch wir allen vergeben haben,
die an uns schuldig geworden sind.

Lass uns nicht in die Gefahr kommen,
dir untreu zu werden,
sondern rette uns aus der Gewalt
des Bösen.

Matthäus 6,9-13

Das Gebet geht von der Vorstellung aus, dass diese Welt einmal Gottes Welt sein wird, in der alle so leben, wie Gott es für richtig hält, und außerdem immer bereit sind, etwas Falsches zuzugeben und alle Verfehlungen zu verzeihen.

Die Bedeutung des Verzeihens

Eines Tages kam Petrus zu Jesus und stellte ihm die folgende Frage: „Wenn jemand mir unentwegt Unrecht zufügt, wie oft muss ich ihm dann verzeihen? Siebenmal?"

Der Diener bat um Verzeihung, und es wurde ihm auch verziehen.

„Nein", antwortete Jesus. „Nicht siebenmal, sondern siebenmal siebzigmal, denn mit dem Himmelreich ist es so:

Es lebte einmal ein König, der sich vornahm zu überprüfen, wie viel seine Diener ihm schuldeten. Er stellte fest, dass einer ihm Millionen schuldig war. Der König ließ ihn zu sich kommen und verlangte sein Geld zurück.

‚Aber ich kann nicht zahlen!', wandte der Mann ein.

‚Dann wirst du bestraft', erklärte der König. Er ordnete an, dass man den Mann, und seine Frau und Kinder noch dazu, als Sklaven verkaufen sollte.

‚Bitte, hab noch etwas Geduld', bettelte der Mann. ‚Gib mir Zeit, dann werde ich dir alles zurückzahlen.'

Als er seine Tränen sah, bekam der König Mitleid mit dem Mann. Er erließ ihm seine Schulden und ließ ihn gehen.

Der Mann ging hinaus und traf einen Kollegen, der ihm, wie ihm einfiel, noch einen paar Geldstücke schuldig war. Er packte ihn am Kragen. ‚Gib mir zurück, was du mir noch schuldest, und das ein bisschen plötzlich!', verlangte er.

‚Bitte, hab noch etwas Geduld', flehte der Mann. ‚Gibt mir Zeit, dann werde ich dir alles zurückzahlen.'

Doch der erste Mann hatte kein Erbarmen. Er ließ den armen Mann ins Gefängnis werfen.

Als der König herausfand, was geschehen war, wurde er sehr wütend. ‚Du hättest Mitleid haben sollen mit dem Mann, genauso wie ich mit dir Mitleid hatte', erklärte er. ‚Aber jetzt werde ich auch dich ins Gefängnis werfen lassen, bis du mir den letzten Cent zurückgezahlt hast.'

So wird mein Vater im Himmel jeden von euch behandeln, wenn ihr eurem Nächsten nicht von ganzem Herzen verzeiht.'

✝ Pater Noster

An der Stelle, an der nach der Überlieferung Jesus seine Jünger das Vaterunser gelehrt haben soll, sind die Worte des Gebetes in die Mauern einer Kirche eingeschrieben. Eine Version ist in lateinischer Sprache, und sie beginnt mit den berühmten Worten: „Pater noster". Es gibt dort Übersetzungen in viele verschiedene Sprachen aus der ganzen Welt …und es ist immer noch Platz für weitere Versionen.

Ein Mann betet vor der äthiopischen Übersetzung des „Pater noster".

Der Diener, dem verziehen worden war, war nicht bereit, anderen zu verzeihen.

Jesus erklärte, dass es eine richtige und eine falsche Art zu beten gibt. Dafür nannte er viele Beispiele und erzählte einmal das folgende Gleichnis − es war vor allem an die gerichtet, die sich sicher waren, dass sie nie etwas falsch machten, und für alle anderen nur Verachtung übrig hatten.

„Zwei Männer gingen hinauf in den Tempel, um zu beten, ein Pharisäer und ein Zolleinnehmer.

Der Pharisäer stellte sich vorne hin und betete leise bei sich: Gott, ich danke dir, dass ich nicht so bin wie die anderen Menschen, alle diese Räuber, Betrüger und Ehebrecher, oder auch wie dieser Zolleinnehmer hier! Ich faste zwei Tage in der Woche und gebe dir den vorgeschriebenen Zehnten sogar noch von dem, was ich bei anderen einkaufe!

Schlag nach

Vertrauen auf Gottes Güte:
Matthäus 7; siehe auch Lukas 11

Die rechte Art zu beten:
Lukas 18

Gib nicht an:
Matthäus 6, 23; Markus 12; siehe auch Deuteronomium 6, 11; Numeri 15

Das christliche Gebet:
Philipper 2

Vertrauen auf Gottes Güte

Im Matthäusevangelium macht Jesus deutlich, dass Gott nur allzu bereit ist, Gebete zu erhören.

Und so fragt er seine Zuhörer, ob die Eltern unter ihnen jemals ihren Kindern etwas Schädliches geben würden.

„Würde irgendeiner von euch seinem Sohn einen Stein geben, wenn er um Brot bittet?"

Auch Eltern sind beileibe nicht ohne Fehler, aber die meisten bemühen sich doch wenigstens, ihren Kindern nur das Beste zu geben. Gott, sagt Jesus, ist noch viel fürsorglicher − ein liebender Vater im Himmel.

Diese beiden Männer beten in einem Innenhof des Tempels von Jerusalem.

Der Zolleinnehmer aber stand ganz hinten und getraute sich nicht einmal, zum Himmel aufzublicken. Er schlug sich zerknirscht an die Brust und sagte: Gott, hab Erbarmen mit mir, ich bin ein sündiger Mensch!"

Jesus schloss: „Ich sage euch, der Zolleinnehmer ging aus dem Tempel in sein Haus hinunter als einer, den Gott für gerecht erklärt hatte – ganz im Unterschied zu dem Pharisäer. Denn alle, die sich selbst groß machen, werden von Gott gedemütigt, und alle, die sich selbst gering achten, werden von ihm zu Ehren gebracht."

Lukas 18,10-14

Gib nicht an

Zur Zeit Jesu ließen sich manche Leute gern beim Beten beobachten. Sie stellten sich mit erhobenen Händen an die Straßenecke, damit alle bewundernd sehen konnten, wie fromm sie waren. Jesus dagegen fand, das Beten sei Privatsache. Zum Beten solle man sich zurückziehen, zum Beispiel in das eigene Zimmer, und die Tür zumachen.

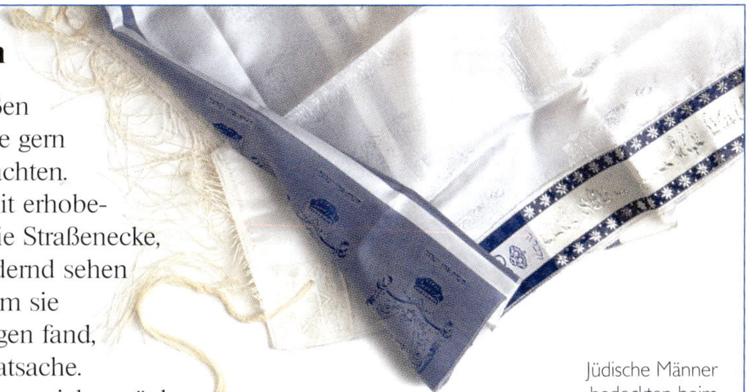

Jüdische Männer bedeckten beim Beten ihren Kopf mit einem Schal. Die alten Gesetze schrieben vor, dass diese Schals an jeder Ecke eine Quaste haben sollten. Jesus missfiel es, dass manche Leute extra lange Quasten trugen, um damit kundzutun, wie fromm sie doch waren.

Zwei Phylakterien. Jüdische Männer banden sich Abschriften der Gesetzestexte in so genannten Phylakterien aus Leder um den Kopf. Diese sahen so ähnlich aus wie Geldbörsen. Darin befanden sich ganz kleine Schriftrollen, auf denen in winzigen Buchstaben Auszüge aus dem Gesetzbuch geschrieben standen. Damit erfüllten sie das Gebot, nach dem sie die Gesetze um ihre Arme gebunden und auf der Stirn tragen sollten, um sie nie zu vergessen. Jesus hatte etwas gegen Menschen, die sich hervortun wollten, indem sie ein Phylakterium trugen, das größer war als nötig.

✝ Das christliche Gebet

Dieses Wandgemälde aus einer römischen Villa in Großbritannien zeigt einen Christen beim Beten. In den ersten Jahrhunderten des christlichen Glaubens standen die Leute, wenn sie beteten, so wie es die Juden zur Zeit Jesu machten – und es auch heute noch tun. Das in unseren Tagen von vielen Christen praktizierte Knien geht zurück auf eine Zeile in einem Brief, der im Neuen Testament steht·

Vor Jesus müssen alle auf die Knie fallen – alle, die im Himmel sind, auf der Erde und unter der Erde;
alle müssen feierlich bekennen: „Jesus Christus ist der Herr!" Und so wird Gott, der Vater, geehrt.

Philipper 2,10-11

In einigen christlichen Kirchen beugen die Gläubigen immer dann die Knie, wenn der Name Jesu fällt.

63

30  Jesus über die rechte Art zu leben

Schlag nach

Saubere Hände:
Markus 7; siehe auch Matthäus 15

Liebt eure Feinde:
Matthäus 5; siehe auch Lukas 6

Gutes im Verborgenen tun:
Matthäus 6

Güte strahlt:
Matthäus 5

Worte oder Taten:
Matthäus 21

Saubere Hände

Einige der Pharisäer und Gesetzeslehrer verübelten es den Anhängern Jesu, dass sie sich vor dem Essen nicht die Hände wuschen. Dabei ging es ihnen nicht etwa um mögliche Krankheitserreger – sie waren vielmehr beleidigt, weil ein religiöses Ritual vernachlässigt wurde.

Jesus machte deutlich, dass nichts, was ein Mensch zu sich nimmt, ihn in Gottes Augen unrein machen kann. Und er fügte hinzu:

„Aber das", fuhr er fort, „was aus dem Menschen selbst herauskommt, das macht ihn unrein! Denn aus ihm selbst, aus seinem Herzen, kommen die bösen Gedanken und mit ihnen Unzucht, Diebstahl und Mord; Ehebruch, Habsucht und Niedertracht; Betrug, Ausschweifung und Neid; Verleumdung, Überheblichkeit und Unvernunft.

Markus 7,20 – 22

Die religiösen Juden besaßen strenge Regeln über das Waschen – Regeln, die Jesus nicht allzu ernst zu nehmen schien.

Im Zentrum dessen, was Jesus den Menschen sagen will, steht die tröstliche Botschaft, dass Gott alles verzeiht. Trotzdem gibt Jesus auch ganz klare Anweisungen darüber, wie man sein Leben gestalten sollte.

Denkt nicht, ich sei gekommen, um das Gesetz und die Weisungen der Propheten außer Kraft zu setzen. Ich bin nicht gekommen, um sie außer Kraft zu setzen, sondern um sie zu erfüllen und ihnen volle Geltung zu verschaffen.

Matthäus 5,17

Liebt eure Feinde

Das Gesetz, so erklärt Jesus, ist nur bis zu einem gewissen Punkt brauchbar. Es schärft den Menschen zwar ein, wie wichtig es ist, kein Unrecht wie Mord oder Ehebruch zu begehen. Es beschreibt auch die gerechte Strafe für diejenigen, die solche Gesetze brechen. Doch zum rechten Leben, sagt Jesus, gehört viel mehr. Vermeide nicht einfach nur, jemanden zu töten; gib gar nicht erst deiner Wut und deinem Hass nach. Halte dich nicht einfach nur vom Ehebruch fern, sondern sorge dafür, dass alle deine Beziehungen zu anderen ohne Hintergedanken sind. Glaube nicht, du würdest dich schon vorbildlich verhalten, wenn du nur gerechte Strafe forderst für jemanden, der dir Unrecht getan hat; sei stattdessen besonders gut zu ihm.

„Ihr wisst, dass es heißt: Liebe deinen Mitmenschen; hasse deinen Feind. Ich aber sage euch: Liebt eure Feinde und betet für alle, die euch verfolgen."

Matthäus 5,43-44

Jesus selbst hat bewiesen, dass er bereit war zu verzeihen. Im Lukasevangelium lesen wir, dass er, als er am Kreuz hing und dem Tod nahe war, noch für seine Feinde gebetet hat:

„Vater, vergib ihnen! Sie wissen nicht, was sie tun."

Lukas 23,34

Gutes im Verborgenen tun

Auch wenn man in rechter Weise lebt, sollte man dies nicht zur Schau stellen, sagt Jesus. Wenn du den Armen etwas abgibst, solltest du das im Verborgenen tun, damit keiner etwas davon erfährt. Gott wird es bemerken und dich segnen für deine Großzügigkeit.

Güte strahlt

Andererseits lässt sich echte Güte nicht verbergen. Rechtschaffene Menschen sind wie das Licht in einer dunklen Welt. Jedem wird auffallen, dass die Menschen die Welt wirklich verändern, die sich durch ihre Art zu leben zu Gott bekennen. Dafür werden sie Gott loben.

Worte oder Taten

Nicht jeder, der behauptet, er tue Gutes, handelt auch tatsächlich so, gibt Jesus zu bedenken. Gott erkennt, was wirklich geschieht.
Jesus erzählte dazu die folgende Geschichte:

Durch das, was sie schließlich tatsächlich taten, zeigten beide Söhne, ob sie ihren Vater achteten.

„Was meint ihr zu folgender Geschichte? Ein Mann hatte zwei Söhne. Er sagte zu dem einen: Mein Sohn, geh und arbeite heute im Weinberg! Ich will nicht, erwiderte der Sohn; später aber überlegte er es sich und ging doch. Dasselbe sagte der Vater auch zu seinem anderen Sohn. Ja, Herr, antwortete der, ging aber nicht. Wer von den beiden hat nun nach dem Willen des Vaters gehandelt?"

„Der Erste", antworteten sie.

Da sagte Jesus: „Ich versichere euch: Die Zolleinnehmer und die Prostituierten werden eher in die neue Welt Gottes kommen als ihr.

Der Täufer Johannes ist gekommen und zeigte euch, was ihr jetzt tun müsst, um Gottes Willen zu erfüllen; aber ihr habt ihm nicht geglaubt. Die Zolleinnehmer und die Prostituierten haben ihm geglaubt! Aber ihr – nicht einmal als ihr das saht, habt ihr euch besonnen und ihm Glauben geschenkt."

Matthäus 21,28-32

✚ Im Stillen schenken

Eine der beliebtesten Geschichten in der christlichen Überlieferung handelt von jemandem, der im Stillen Gutes tat. Der Bischof der Stadt Myra erfuhr von einer Familie mit drei Töchtern. Sie war so arm, dass der Vater sich die Brautausstattung nicht leisten konnte, die die Töchter zum Heiraten brauchten. Im Dunkel der Nacht ging der Bischof zum Haus der Familie und warf Säcke mit Goldmünzen hinein. Einige sagen, er warf das Gold durchs Fenster. Andere glauben, dass er es durch den Kamin hinunterließ, wo die Münzen zwischen die Schuhe und die Kleidungsstücke rollten, die dort zum Trocknen hingen. Der Bischof war der heilige Nikolaus. Viele Kinder auf der ganzen Welt kennen ihn – und zwar als Weihnachtsmann. Die Tradition, am Vorabend seines Festes (am 6. Dezember) den Kindern Geschenke hinzustellen, hat sich aus dieser Legende entwickelt – und aus dem, was Jesus gelehrt hat.

Der heilige Nikolaus und die drei Mädchen

Schlag nach

Liebe deinen Mitmenschen:
Lukas 10

Die grundlegenden Gesetze:
*Deuteronomium 6; Levitikus 19;
Exodus 20; siehe auch Deuteronomium 5*

Die Geschichte vom barmherzigen Samariter hat sich nicht wirklich so abgespielt. Trotzdem gibt Jesus ihr einen echten Schauplatz zwischen Jerusalem und Jericho. Dieses alte, am Wegrand gelegene Gasthaus wird von vielen Pilgern besucht, die die Geschichte nachvollziehen möchten.

Die Gesetzeslehrer machte das, was Jesus sagte, neugierig und auch nachdenklich. Trotzdem hegten sie den Verdacht, dass er den alten Gesetzen nicht genug Achtung entgegenbrachte. Eines Tages kam einer von ihnen zu Jesus und versuchte, ihn mit einer bestimmten Frage in die Falle zu locken. Sie sollte ihn dazu verleiten, genau das zu sagen, was sie hören wollten.

„Lehrer, was muss ich tun, um das ewige Leben zu bekommen?"

Jesus antwortete: „Was steht denn im Gesetz? Was liest du dort?"

Der Gesetzeslehrer antwortete: „Liebe den Herrn, deinen Gott, von ganzem Herzen, mit ganzem Willen und mit aller deiner Kraft und deinem ganzen Verstand! Und: Liebe deinen Mitmenschen wie dich selbst!"

„Du hast richtig geantwortet", sagte Jesus. „Handle so, dann wirst du leben."

Aber dem Gesetzeslehrer war das zu einfach, und er fragte weiter: „Wer ist denn mein Mitmensch?"

Der Priester und der Levit gehen so schnell wie möglich an dem Mann vorbei, der verletzt auf der Straße liegt. Die Zuhörer Jesu werden für diese scheinbare Herzlosigkeit durchaus Verständnis gehabt haben. Die alten Gesetze besagten nämlich, dass es einen Menschen „unrein" machte, wenn er einen Toten anfasste. Er war damit nicht mehr berechtigt, an religiösen Zeremonien teilzunehmen, bis er sich bestimmten Reinigungsriten unterzogen hatte. Die Geschichte, die Jesus erzählt, zeigt aber, dass Hilfsbereitschaft wichtiger ist.

Jesus nahm die Frage auf und erzählte die folgende Geschichte:
„Ein Mann ging von Jerusalem nach Jericho hinab. Unterwegs überfielen ihn Räuber. Sie nahmen ihm alles weg, schlugen ihn zusammen und ließen ihn halb tot liegen.

Nun kam zufällig ein Priester denselben Weg. Er sah den Mann liegen und ging vorbei. Genauso machte es ein Levit, als er an die Stelle kam: Er sah ihn liegen und ging vorbei.

Schließlich kam ein Reisender aus Samarien. Als er den Überfallenen sah, ergriff ihn das Mitleid. Er ging zu ihm hin, behandelte seine Wunden mit Öl und Wein und verband sie. Dann setzte er ihn auf sein eigenes Reittier und brachte ihn in das nächste Gasthaus, wo er sich weiter um ihn kümmerte.

Am anderen Tag zog er seinen Geldbeutel heraus, gab dem Wirt zwei Silberstücke und sagte: Pflege ihn! Wenn du noch mehr brauchst, will ich es dir bezahlen, wenn ich zurückkomme."

„Was meinst du?", fragte Jesus. „Wer von den dreien hat an dem Überfallenen als Mitmensch gehandelt?"

Der Gesetzeslehrer antwortete: „Der ihm geholfen hat!"

Jesus erwiderte: „Dann geh und mach du es ebenso!"

Lukas 10,25-37

Die Juden glaubten, dass Mose ihnen die zehn Gebote auf Steintafeln eingemeißelt von Gott gebracht hatte.

Grundlegende Gesetze

In seiner Antwort führte der Gesetzeslehrer zwei Stellen aus der heiligen Schrift an:

Darum liebt ihn von ganzem Herzen, mit ganzem Willen und mit aller Kraft.

Deuteronomium 6,5

Liebe deinen Mitmenschen wie dich selbst.

Levitikus 19,18

Diese beiden grundlegenden Gesetze fassen das zusammen, was in Hunderten von anderen Gesetzen der heiligen Schriften ebenfalls zum Ausdruck kommt. Eine andere berühmte Zusammenfassung in der Bibel sind die zehn Gebote. Auch sie enthalten Anweisungen, dass man Gott und seinen Nächsten – seinen Mitmenschen – lieben soll.

● Ich bin der Herr, dein Gott. Bete zu keinem anderen Gott als zu mir.
● Fertige keine Bilder von mir an, und verneige dich auch nicht vor Götzenbildern.
● Benutze nicht meinen Namen, wenn du etwas Böses im Schilde führst.
● Halte den Ruhetag ein.
● Ehre deinen Vater und deine Mutter.
● Begehe keinen Mord.
● Begehe keinen Ehebruch.
● Stehle nicht.
● Beschuldige niemanden, der gar nichts getan hat.
● Versuche nicht, etwas an dich zu bringen, was einem anderen gehört.

32 Menschen, denen Jesus begegnet ist

Schlag nach

Die Frau aus Samarien:
Johannes 4

Die Frau mit dem schlechten Ruf:
Lukas 7; siehe auch Matthäus 26;
Markus 14

Wer hat noch nie gesündigt?
Johannes 8

Samariter und Juden

Die Samariter kamen aus einem Gebiet, das Samarien hieß. Sie besaßen ihre eigenen religiösen Traditionen, und für sie hatte der Tempel in Jerusalem keine so große Bedeutung.

Mehr als ein Jahrhundert hindurch hatte es viele blutige Zusammenstöße zwischen Samaritern und Juden gegeben.

Als Jesus noch ein kleiner Junge war, gab es einmal einen schlimmen Zwischenfall, bei dem einige Samariter im Tempel von Jerusalem Knochen verstreuten. Das wurde als schweres Vergehen betrachtet.

Aus diesen Gründen hassten Juden und Samariter einander.

Jesus empfahl nicht nur anderen, liebenswürdig zu ihren Mitmenschen zu sein. Auch er selbst umgab sich gern mit Menschen unterschiedlichster Herkunft.

Die Frau aus Samarien

Einmal war Jesus im Gebiet von Samarien unterwegs. Weil es so heiß war, setzte er sich in der Stadt Sychar neben einen Brunnen, um sich ein wenig auszuruhen. Seine Jünger gingen inzwischen weiter, um etwas zu essen zu kaufen.

Da kam eine Frau, um sich Wasser zu holen. Jesus bat sie, ihm doch etwas abzugeben.

Die Frau war wie vom Donner gerührt. Sie wusste genau, dass die meisten Juden niemals aus demselben Becher trinken würden wie ein Samariter.

Doch Jesus sagte zu ihr:

„Wenn du wüsstest, was Gott den Menschen schenken will und wer es ist, der dich jetzt um Wasser bittet, dann hättest du ihn um Wasser gebeten und er hätte dir lebendiges Wasser gegeben."

Johannes 4,10

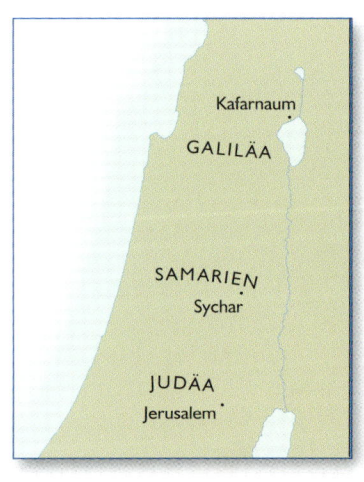

Samarien

Samarien lag zwischen der Region Galiläa, in der Jesus zu Hause war, und Judäa, wo sich die Gottesverehrung auf den Tempel konzentrierte. Viele Juden nahmen lieber einen langen Umweg in Kauf, anstatt durch dieses Gebiet zu reisen.

Die Hügel von Samarien

68

Er blieb noch ein wenig, um sich mit ihr zu unterhalten. Das tat er, obwohl er wusste, dass sie schon eine ganze Reihe gescheiterter Beziehungen mit Männern hinter sich hatte und deshalb bei ihrer Gemeinde in sehr schlechtem Ansehen stand.

Jesus sprach mit ihr auch über den alten Streit zwischen Juden und Samaritern und darüber, wo man zu Gott beten sollte. Für ihn war das jetzt nicht mehr wichtig:

„...Aber die Stunde kommt, ja sie ist schon gekommen, da wird der Heilige Geist, der Gottes Wahrheit enthüllt, Menschen befähigen, den Vater an jedem Ort anzubeten. Gott ist ganz anders als diese Welt, er ist machtvoller Geist, und alle, die ihn anbeten wollen, müssen vom Geist der Wahrheit erfüllt sein. Von solchen Menschen will der Vater angebetet werden."

Johannes 4,23-24

Die Frau holte noch andere Leute aus ihrem Dorf, und viele kamen, um Jesus zuzuhören, und freuten sich über das, was er sagte.

Die Frau mit dem schlechten Ruf

Eines Tages lud ein Pharisäer namens Simon Jesus zum Abendessen ein. Im Haus eines Pharisäers wurde beim Essen immer mit der größten Sorgfalt auf jede Kleinigkeit geachtet, damit auch ja alle Gesetze über die Mahlzeiten und die Sauberkeit erfüllt wurden.

In derselben Stadt lebte auch eine Frau mit einem ganz schlechten Ruf, eine Prostituierte. Sie hörte, wo Jesus sich aufhielt, und ging ihn suchen. Ein Fläschchen teuren Parfüms trug sie mit sich. Die Frau musste weinen, und ihre Tränen liefen Jesus über die Füße. Da goss sie das Parfüm über ihm aus und trocknete seine Füße mit ihren Haaren ab.

Der Pharisäer war entsetzt. „Wenn dieser Mann wirklich ein Prophet wäre, dann wüsste er, was das für eine Frau ist, die ihn da anfasst. Er wüsste, was für ein sündhaftes Leben sie führt!"

Jesus antwortete dem Simon mit einem Gleichnis. „Zwei Männer hatten bei einem Geldverleiher Schulden", sagte er. „Der eine schuldete ihm fünfhundert Silberstücke, und der andere fünfzig. Keiner von beiden konnte ihm das Geld zurückzahlen, deshalb erließ er beiden die Schulden. Wer wird ihn nun mehr lieben?"

Das konnte Simon leicht beantworten. Der, dem die größeren Schulden erlassen worden waren, würde sich doch viel mehr freuen als der, der seine geringen Schulden nun nicht mehr zu bezahlen hatte. Jesus erläuterte ihm, dass es mit der überschwänglichen Dankbarkeit der Frau ihm gegenüber ganz ähnlich sei wie mit der Freude eines Menschen, dem eine Geldschuld erlassen worden ist. Sie wisse, dass sie viele Sünden habe, die ihr vergeben werden müssten.

Daraufhin sagte Jesus der Frau, dass ihre Sünden jetzt vergeben seien.

Wer hat noch nie gesündigt?

Im Johannesevangelium steht eine Geschichte, die davon berichtet, wie Jesus im Tempel von Jerusalem lehrte. Da zerrten die Gesetzeslehrer und die Pharisäer eine verschämte und völlig verstörte Frau an den Haaren vor ihn hin. Sie war beim Ehebruch erwischt worden. Nach dem Gesetz des Mose, so erinnerten sie ihn, musste Ehebruch damit bestraft werden, dass man die Schuldige so lange mit Steinen bewarf, bis sie tot war. Jesus hatte es mit der Antwort nicht eilig.

Dann schließlich sagte er:

„Wer von euch noch nie eine Sünde begangen hat, soll den ersten Stein auf sie werfen!"

Einer nach dem anderen gingen die Ankläger davon. Jesus fragte die Frau:

„Frau, wo sind sie geblieben? Ist keiner mehr da, um dich zu verurteilen?"
„Keiner, Herr", antwortete sie. Da sagte Jesus: *„Ich verurteile dich auch nicht. Du kannst gehen; aber tu diese Sünde nicht mehr!"*

Johannes 8,7.10-11

Parfümbehälter aus der Zeit Jesu

69

33 Auch diesen Menschen ist Jesus begegnet

Schlag nach

Der Zolleinnehmer:
Lukas 19

Der Hauptmann:
Matthäus 8; siehe auch Lukas 7

Jericho wurde in einer natürlichen Oase erbaut. Es ist ein grüner, fruchtbarer Ort inmitten einer ansonsten kargen Landschaft.

Jericho

Die Begegnung zwischen Jesus und dem Zolleinnehmer Zachäus fand in Jericho statt. Diese Stadt ist heute eine der ältesten Städte der Welt. Sie liegt in einem warmen, geschützten Tal und besitzt Quellen mit frischem Wasser. Zur Zeit Jesu war Jericho ein Ort, an dem sich reiche Leute aus Jerusalem gerne ein Wochenendhaus einrichteten.

Jesus war jemand, der den Menschen die Religion erklärte. Für die meisten anderen Religionslehrer der Juden war ihr Glaube etwas ganz Besonderes. Jesus fiel aus dem Rahmen durch die Art und Weise, wie er mit Fremden umging und mit jenen allseits verachteten Juden, die mit den Römern zusammenarbeiteten.

Der Zolleinnehmer

Als Jesus einmal auf dem Weg nach Jerusalem war, kam er durch die Oasenstadt Jericho. Der dortige oberste Zolleinnehmer war ein Mann mit Namen Zachäus. Er war sehr reich, und alle wussten auch, wieso. Er begnügte sich nicht damit, im Auftrag der Römer das Geld einzuziehen, und dabei eine kleine Zuzahlung als eigenen Verdienst abzuzweigen. Nein, er betrog die Leute um viel mehr, als zu rechtfertigen war.

Zachäus wollte unbedingt Jesus sehen, den großen Lehrmeister, über den alle Welt sprach. Doch unglücklicherweise war er ein wenig klein geraten und konnte deshalb überhaupt nichts erkennen: Die vielen Menschen, die sich zusammengefunden hatten, versperrten ihm die Sicht. Deshalb lief er voraus, bis er an einen Feigenbaum kam. Auf den kletterte er hinauf.

Als Jesus vorüberkam, schaute er nach oben und rief Zachäus zu: „Komm herunter Zachäus, denn ich will heute dein Gast sein."

Voll Freude über diese hohe Ehre beeilte sich Zachäus, wieder nach unten zu klettern. Die Umstehenden fingen an zu murren. Was war Jesus nur für ein Mensch, dass er sich ausgerechnet das Haus von jemandem, der so widerwärtig war wie Zachäus, für einen Besuch aussuchte?

Das Zusammentreffen mit Jesus veränderte dann den habgierigen Zolleinnehmer für den Rest seines Lebens.

Aber Zachäus wandte sich an den Herrn und sagte zu ihm: „Herr, ich verspreche dir, ich werde die Hälfte meines Besitzes den Armen geben. Und wenn ich jemand zu viel abgenommen habe, will ich es ihm vierfach zurückgeben."

Darauf sagte Jesus zu ihm: „Heute ist dir und deiner ganzen Hausgemeinschaft die Rettung zuteil geworden! … Der Menschensohn ist gekommen, um die Verlorenen zu suchen und zu retten."

Lukas 19,8-9

Der Hauptmann

Einmal kam ein römischer Hauptmann zu Jesus. Sein Diener war krank, und er bat Jesus, ihn durch ein Wunder wieder gesund zu machen. Jesus erklärte sich bereit, zu ihm nach Hause zu gehen, doch der Soldat sagte, das sei nicht nötig. Er sei selbst daran gewöhnt, Befehle zu erteilen, und wisse deshalb, dass sie stets ausgeführt würden. Darum sei er überzeugt, dass Jesus auf gleiche Weise um ein Wunder bitten und dann auch davon ausgehen könne, dass es geschehe.

Jesus war überrascht, aber auch erfreut darüber, dass ein Fremder so fest an Gott glaubte, und der Diener des Mannes wurde gesund.

Jesus erläuterte dazu:

Doch ich sage euch: Viele werden kommen, aus Ost und West, und zusammen mit Abraham, Isaak und Jakob in Gottes neuer Welt zu Tisch sitzen.

Matthäus 8,11

Ein römischer Soldat im Kettenpanzer. Der war kühler als der übliche Plattenpanzer und besser geeignet für ein so heißes Land.

Besatzungstruppen

Die Besatzungstruppen mit ihren schweren Waffen waren bei den Einheimischen nicht sehr beliebt. Allerdings hatten einige der Soldaten – so zum Beispiel der Hauptmann, der Jesus aufsuchte – Respekt vor der jüdischen Religion und bemühten sich, der Gemeinde, in der sie stationiert waren, zu helfen.

Die Festung Antonia war das Gebäude der römischen Garnison in Jerusalem. Mit riesigen Ausmaßen machte sie sogar dem Tempel Konkurrenz und überragte alle Wohnhäuser.

Jesus unterhielt sich liebend gern mit jedem, den er traf – auch mit Fremden und Außenseitern. Den Pharisäern und den Gesetzeslehrern gefiel das überhaupt nicht. Deshalb erzählte Jesus folgende Gleichnisse über Gottes Freude darüber, wenn Menschen oder Dinge, die verloren gegangen sind, wieder auftauchen.

Der Vater und seine zwei Söhne

Es lebte einmal ein Mann, der hatte zwei Söhne. Sie bewirtschafteten mit ihm zusammen den Bauernhof der Familie. Eines Tages kam der jüngere Sohn zu seinem Vater und forderte von ihm: „Ich will jetzt gleich meinen Anteil an deinem Vermögen. Ich will nicht warten müssen, bis du tot bist."

Also teilte der Vater den Besitz auf, und gleich danach verkaufte der jüngere Sohn seinen Anteil. Er nahm das Geld und machte sich auf den Weg in ein fernes Land. Dort genoss er das Leben in vollen Zügen und gönnte sich jeden Luxus, den sein Herz begehrte.

Da brach eine Hungersnot über das Land herein. Der junge Mann musste feststellen, dass er sein ganzes Geld aufgebraucht hatte und mit leeren Händen dastand. In seiner Verzweiflung nahm er eine Arbeit als Schweinehirt an. Er war so hungrig, dass er sogar schon mit dem Gedanken spielte, das Futter der Schweine zu essen.

Schlag nach

Das verlorene Geldstück:
Lukas 15

Der Vater und seine zwei Söhne:
Lukas 15

Das verlorene Schaf:
Lukas 15; siehe auch Matthäus 18

Das verlorene Geldstück

Jesus erzählte einmal eine Geschichte von einer Frau, die in ihrem Haus ein Geldstück verliert. Sie zündet eine Lampe an und fegt alles aus, bis sie es wiederfindet. Dann lädt sie ihre Nachbarn ein, damit sie mit ihr feiern.

Eine Schekel genannte Silbermünze, etwa aus dem Jahr 30 v. Chr.

Vom Flachdach seines Hauses aus könnte der Vater in Jesu Geschichte schon von weitem gesehen haben, wie sein Sohn heimkehrt.

Der heimkehrende Sohn, den man gewöhnlich als den verlorenen Sohn bezeichnet.

Das verlorene Schaf

Jesus erzählte auch die folgende Geschichte: „Stellt euch vor, einer von euch hat hundert Schafe und eines davon verläuft sich. Lässt er dann nicht die neunundneunzig allein in der Steppe weitergrasen und sucht das verlorene so lange, bis er es findet? Und wenn er es gefunden hat, dann freut er sich, nimmt es auf die Schultern und trägt es nach Hause. Dort ruft er seine Freunde und Nachbarn zusammen und sagt zu ihnen: Freut euch mit mir, ich habe mein verlorenes Schaf wiedergefunden!

Genauso", fuhr Jesus fort, „ist bei Gott im Himmel mehr Freude über einen Sünder, der ein neues Leben anfängt, als über neunundneunzig andere, die das nicht nötig haben."

Schließlich kam er zur Besinnung. „Die Diener meines Vaters haben es besser als ich hier", dachte er bei sich. „Ich werde zurückgehen, zugeben, dass ich einen Fehler gemacht habe, und darum bitten, als Diener eingestellt zu werden."

Er war noch eine ganze Strecke von Zuhause entfernt, als sein Vater auf ihn aufmerksam wurde. Das Herz des alten Mannes war voller Mitleid, und er lief seinem Sohn entgegen. Er nahm ihn in die Arme und küsste ihn.

„Vater", sagte der Sohn, „ich bin vor Gott und vor dir schuldig geworden; ich bin es nicht mehr wert, dein Sohn zu sein."

Doch der Vater war überglücklich, seinen Sohn zu sehen. „Beeilt euch!", rief er seinen Dienern zu. „Bringt ihm die besten Sachen zum Anziehen und bereitet ein großes Festmahl zu. Denn mein Sohn war tot, doch jetzt lebt er wieder. Er war verloren, jetzt ist er wiedergefunden."

Der ältere Bruder

In Jesu Geschichte heißt es weiter, dass der ältere Bruder draußen auf dem Feld arbeitete, als sein missratener Bruder zurückkehrte. Müde machte er sich am Abend auf den Heimweg und wunderte sich, Klänge von Musik und Tanz zu hören. Als er erfuhr, dass sein Vater ein Fest für seinen Bruder veranstaltete, wurde er wütend und wollte nicht einmal ins Haus kommen. Er sei in seinem Leben noch nie auch nur halb so gut behandelt worden, beschwerte er sich.

Der Vater bemühte sich, den Bruder zu beruhigen. Er machte ihm deutlich, dass all sein Besitz ihm doch jetzt schon gehörte.

Man kann diese Gesichte zum Beispiel so deuten: Ehrbare Leute ärgern sich oftmals, wenn sie sehen, wie großzügig Gott denen vergibt, die Unrecht getan haben.

Ein Hirte unserer Tage sucht mit seinen Herden nach Weideland in der kargen, felsigen Hügellandschaft, in der Jesus lebte. Diejenigen, die Jesu Gleichnis vom verlorenen Schaf hörten, werden ein derartiges raues Land im Sinn gehabt haben, als sie sich einen guten Hirten vorstellten, der nach einem verlorengegangenen Tier sucht.

35 Wer ist Jesus?

Schlag nach

Jesus, der Messias:
*Matthäus 16; siehe auch Markus 8;
Lukas 9*

Die Verklärung:
*Matthäus 17; siehe auch Markus 9;
Lukas 9*

Kleine, in den Felsen gehauene Altäre
in Cäsarea Philippi

Cäsarea Philippi

Jesus und seine Jünger waren zu Besuch in der Stadt Cäsarea Philippi im Norden des Landes, als Petrus öffentlich kundtat, Jesus sei der Messias. Zur Zeit Jesu gab es in Cäsarea Philippi zahlreiche Altäre für die verschiedensten Götter. Sie waren in Nischen in den Felsen eingebaut. Petrus aber erklärte mit Nachdruck, dass Jesus der Sohn des lebendigen Gottes ist, des einen Gottes, an den er fest glaubt.

Man nimmt an, dass sich die Verklärung Jesu auf dem Berg Hermon nördlich von Galiläa ereignet hat. Die hohen Abhänge sind oft mit Schnee bedeckt, wie auch auf diesem Bild.

Bei allem, was Jesus sagte und tat, fragten sich die Leute: Wer ist dieser Jesus eigentlich − wer wird er wohl in Wirklichkeit sein? Jesus selbst war sehr interessiert daran, was die Leute sich erzählten, und er fragte seine Jünger, was sie von den Leuten gehört hätten.

Sie gaben ihm zur Antwort, dass die meisten Leute glaubten, er sei ein Prophet. Manche nähmen sogar an, er sei ein Prophet aus früheren Zeiten, der wiedergekommen war, um den Menschen Gottes Wort zu verkünden. Andere hielten ihn sogar für Johannes den Täufer, den man erst kürzlich wegen seiner freimütigen Äußerungen über den König hingerichtet hatte.

„Und ihr", wollte Jesus wissen, „für wen haltet ihr mich?"
Da sagte Simon Petrus: „Du bist Christus, der versprochene Retter, der Sohn des lebendigen Gottes!"

Matthäus 16,15-16

Jesu Freude über Petrus' Zuversicht war ihm deutlich anzumerken. Und er sagte ihm, er werde einmal der Fels sein, auf dem die Gemeinschaft der Christen fußen werde. Jesus wollte nicht, dass seine Jünger umhergingen und überall erzählten, dass er der Messias, der Christus sei. Allerdings sprach er mehr und mehr davon, was es für ihn noch für Folgen haben werde, der Messias zu sein: Er werde im Streit mit seinen Feinden unterliegen und wegen seiner Botschaft zum Tode verurteilt werden.

Die Verklärung

Nicht lange, nachdem Jesus seine Jünger nach ihrer Meinung dazu gefragt hatte, wer er sei, bekamen drei von ihnen die Gelegenheit, ein ganz besonderes Erlebnis mit ihm zu haben. Jesus stieg mit Petrus, Jakobus und Johannes auf einen hohen Berg. Als die Jünger Jesus anschauten,

Jesus nannte Petrus nicht nur den Fels und das Fundament der Kirche, er wollte ihm auch die Schlüssel zum Himmelreich anvertrauen. Aus diesem Grund wurde es in der christlichen Kunst Brauch, Petrus mit kunstvoll gestalteten Schlüsseln abzubilden.

Im Volksglauben hält man Petrus auch für den Pförtner des Himmels − also für denjenigen, der entscheidet, ob jemand hereingelassen wird oder nicht. Die Vorstellung, dass es am Himmel Tore aus Perlen gibt, geht auf ein anderes Buch der Bibel zurück: Die Offenbarung (entstanden lange nach Jesu Tod) beschreibt eine himmlische Stadt mit zwölf Toren, von denen jedes aus einer einzelnen Perle besteht.

Die Jünger Jesu sind zutiefst beeindruckt von seiner wundersamen Verklärung.

bemerkten sie, wie er sich langsam veränderte. Sein Gesicht leuchtete wie die Sonne, und seine Kleider wurden strahlend weiß. Da tauchten auf einmal zwei der größten Propheten ihres Volkes auf: Mose, der ihnen die Gesetze gebracht hatte, und Elia, der zur Zeit eines grausamen und gottlosen Königs für den Glauben gekämpft hatte −, und Jesus unterhielt sich mit ihnen.

Während er noch redete, erschien eine leuchtende Wolke über ihnen, und eine Stimme aus der Wolke sagte: „Dies ist mein Sohn, ihm gilt meine Liebe, ihn habe ich erwählt. Auf ihn sollt ihr hören!"

Matthäus 17,5

Und wieder trug Jesus seinen Jüngern auf, die all dies gesehen und gehört hatten, anderen davon erst zu berichten, wenn er gestorben sei.

Eine Statue von Petrus, die ihn mit den Schlüsseln zum Himmelreich zeigt.

✝ Jesus, das Licht

Dieses Bild von Jesus, das der englische Künstler Holman Hunt gemalt hat, trägt den Titel *Das Licht der Welt*. Es ist sehr bekannt und hat die Vorstellung vieler Menschen davon geprägt, wie Jesus wohl ausgesehen haben mag.

Jesus gab auch selbst Antworten auf die Frage, wer er denn nun wirklich sei. Im Johannesevangelium stehen mehrere Äußerungen Jesu, die alle mit „Ich bin" anfangen und mit denen er den Menschen eine Vorstellung davon geben will, wer er ist.

Das Brot, das Leben schenkt

Bei einer Gelegenheit nahm Jesus einige wenige Brote und Fische und machte damit durch ein Wunder fünftausend Menschen satt. Am Tag danach kamen die Leute wieder zu Jesus. Er wusste, dass sie unbedingt sehen wollten, ob er ihnen noch mehr kostenloses Essen beschaffen könnte. Doch Jesus mahnte, sie sollten nicht nach Essen streben, sondern nach dem so genannten „Brot vom Himmel", das für alle Zeiten ihre tiefsten Wünsche erfüllen würde. Sie baten ihn um dieses Brot, und Jesus gab zur Antwort:

Brote waren zur Zeit Jesu in der Regel so flach wie dieses hier.

„Ich bin das Brot, das Leben schenkt", sagte Jesus zu ihnen.
„Wer zu mir kommt, wird nie mehr hungrig sein.
Wer sich an mich hält, wird keinen Durst mehr haben."

Johannes 6,35

Das Licht für die Welt

Eines Tages unterhielt sich Jesus mit den Pharisäern. Diese frommen Leute kannten die religiösen Gesetze in- und auswendig − die Gesetze, die Gott dem Mose gegeben hatte. Und sie kannten auch die Schriftstellen, die das Gesetz als ein Licht beschreiben, das die Menschen führt und ihnen zeigt, welchen Weg sie gehen müssen. Doch Jesus sagte zu ihnen:

„Ich bin das Licht für die Welt. Wer mir folgt, tappt nicht mehr im Dunkeln, sondern hat das Licht und mit ihm das Leben."

Johannes 8,12

Eine typische Öllampe aus der Zeit Jesu

Der gute Hirt

Jesus sprach auch davon, dass er wie ein Hirt ist und die Menschen so führt, wie ein Hirt eine Schafherde führt, und für sie sorgt.

Zu seiner Zeit wurden Schafe nachts in eine Schafhürde getrieben. Das ist ein kleines, mit niedrigen Steinmauern eingegrenztes Stück Land. Der Hirt legte sich vor den schmalen Eingang, damit die Schafe drinnen blieben und vor allen Gefahren geschützt waren.

Das war es, was Jesus meinte, als er sagte: „Ich bin das Tor für die Schafe."

Jesus sagte auch: „Ich bin der gute Hirt." Anders als ein Lohnarbeiter blieb ein guter Hirt bei seiner eigenen Herde, auch wenn er sein Leben dafür opfern musste, um sie zu beschützen.

Die Auferstehung und das Leben

Kurz bevor Jesus seinen Freund Lazarus von den Toten auferweckte, machte er folgendes erstaunliche Versprechen:

„Ich bin die Auferstehung und das Leben. Wer mich annimmt, wird leben, auch wenn er stirbt, und wer lebt und sich auf mich verlässt, wird niemals sterben, in Ewigkeit nicht. …"

Johannes 11,25-26

Der Weg zu Gott

Als Jesus seine Jünger immer öfter vor seinem nahen Tod zu warnen begann, beruhigte er sie gleichzeitig, sie sollten sich keine Sorgen machen. Wenn er sterbe, werde er einfach nur vorausgehen, um für sie einen Platz nahe bei Gott einzurichten. „Ihr kennt den Weg zu Gott", erklärte er. Das verstanden sie nicht. Deshalb fügte er hinzu:

„Ich bin der Weg, denn ich bin die Wahrheit und das Leben. Einen anderen Weg zum Vater gibt es nicht. …"

Johannes 14,6

Der wahre Weinstock

Weinstöcke waren auf den Hügeln im Land Jesu häufig zu finden. Jesus sagte:

„Ich bin der wahre Weinstock, und mein Vater ist der Weinbauer. Er entfernt jede Rebe an mir, die keine Frucht bringt; aber die fruchttragenden Reben reinigt er, damit sie noch mehr Frucht bringen. …

Ich bin der Weinstock und ihr seid die Reben. Wer mit mir verbunden bleibt, so wie ich mit ihm, bringt reiche Frucht. … Die Herrlichkeit meines Vaters wird ja dadurch sichtbar, dass ihr reiche Frucht bringt und euch so als meine Jünger erweist.

So wie der Vater mich liebt, habe ich euch meine Liebe erwiesen. Bleibt in dieser Liebe!

Wenn ihr meine Gebote befolgt, dann bleibt ihr in meiner Liebe, so wie ich die Gebote meines Vaters befolgt habe und in seiner Liebe bleibe."

Johannes 15,1-10

Diese rekonstruierte Schafhürde hat eine runde Einzäunung aus Steinen. Die Mauer ist oben mit den stacheligen Zweigen eines Dornbusches bedeckt, um so wilde Tiere fernzuhalten. Es gibt zwar ein Holztor, aber der Hirt wird am Eingang Wache gehalten haben.

Unter diesem fruchtbaren Weinstock liegen die dürren Zweige, die zu Beginn der Wachstumszeit herausgeschnitten wurden – ein anschauliches Bild für die Worte Jesu, dass seine Anhänger auf ihn, den wahren Weinstock, gepfropft werden müssten, wenn sie durch gute Taten Frucht bringen wollten.

37 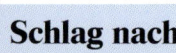 Der Anfang vom Ende

Schlag nach

Jesus reitet in Jerusalem ein:
*Markus 11; siehe auch Matthäus 21;
Lukas 19; Johannes 12*

Verschiedene Versionen

Bei Matthäus, Markus und Lukas hat es den Anschein, als habe sich der großartige Empfang, der auf dieser Seite beschrieben wird, zugetragen, als Jesus gerade erst aus Galiläa nach Jerusalem gekommen war. Johannes dagegen spricht davon, dass Jesus schon einige Zeit in Jerusalem gewesen war und dort im Tempel und dessen Umgebung zu den Leuten gesprochen hatte.

Derartige Unterschiede wecken in manchen Menschen den Verdacht, dass die Berichte vielleicht nur erfunden sind. Für viele andere dagegen machen die Unterschiede etwas ganz anderes deutlich: Die Verfasser waren so vom Wahrheitsgehalt ihrer Darstellungen überzeugt, dass sie es gar nicht nötig hatten, sich abzusprechen, damit sie auch in jeder Einzelheit übereinstimmten. Sie haben einfach nur das genommen, was sie wussten, und es zu einer Geschichte verwoben, die es ihren Lesern leichter machen sollte, Jesus zu begreifen.

Jesus war nun schon seit drei Jahren als Prediger und Lehrer tätig. Der Frühling kam ins Land, die Zeit des alljährlichen Passafestes. Jesus erklärte seinen Jüngern, dass er mit ihnen nach Jerusalem gehen und sich dort den Pilgermassen anschließen wollte.

Jesus wusste, dass dies für ihn gefährlich werden könnte. Mehrfach machte er seinen Jüngern klar, dass die religiösen Führer ihn gefangen nehmen und zum Tode verurteilen würden. Er sagte auch, dass er wieder auferstehen würde, doch die Jünger verstanden nicht, wie er das meinte.

Als sie in die Nähe von Jerusalem kamen, schickte Jesus zwei seiner Jünger voraus. Er erklärte ihnen genau, wo sie einen Esel finden würden, denn er wollte nach Jerusalem hineinreiten.

Als Jesus und seine Jünger noch näher an die Stadt herankamen, bemerkten ihn die vielen Menschen, die auch dorthin unterwegs waren. Einige von ihnen müssen sich an die alten Schriften ihres Volkes erinnert haben und an die Prophezeiung aus dem Buch Sacharja: Gott hatte versprochen, ihnen einen König zu schicken, der auf einem Esel nach Jerusalem reiten würde. Die Leute begannen zu rufen:

Lautstark feiern die Menschen Jesus als einen neuen König.

„…Heil dem, der in seinem Auftrag kommt! Heil der Herrschaft unseres Vaters David, die jetzt anbricht! Gepriesen sei Gott in der Höhe!"

Markus 11,9-10

Um zu zeigen, wie sehr sie Jesus verehrten, warfen sie ihre Mäntel auf den Boden, damit der Esel darüber gehen konnte, und sie schnitten Palmzweige ab und winkten damit.

Dies war ein Wendepunkt: Es war nicht zu übersehen, dass viele Menschen Jesus für den von Gott auserwählten König hielten − den Messias, den Christus. Was würde als Nächstes passieren?

✝ **Palmsonntag**

Jedes Jahr wird in christlichen Kirchen an die Ereignisse erinnert, die Jesu Tod und seiner Auferstehung vorausgingen. Jesu Einzug in Jerusalem wird am Sonntag vor Ostern, am so genannten Palmsonntag gefeiert. In manchen Gegenden ist es Brauch, dass die Gläubigen in einer Prozession durch die Straßen ziehen und Kirchenlieder singen.

Eine Palmsonntag-Prozession auf den Cookinseln

Wie viele Esel?

In Matthäus' Bericht über Jesu Einzug in Jerusalem steht, dass es zwei Esel waren − ein Muttertier und sein Fohlen. Wörtlich heißt es: *Damit sollte in Erfüllung gehen, was der Prophet angekündigt hatte:*

„Sagt der Zionsstadt: Dein König kommt jetzt zu dir! Er verzichtet auf Gewalt. Er reitet auf einem Esel und auf einem Eselsfohlen, dem Jungen eines Lasttiers."

Matthäus 21,4-5

Sein ganzes Evangelium hindurch ist Matthäus bestrebt herauszustellen, dass in Jesus die alten Prophezeiungen Wirklichkeit werden.

38  Jesus und der Tempel

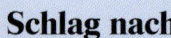

Schlag nach

Jesus, der wahre Tempel:
Johannes 2; siehe auch Matthäus 26
Jesus jagt die Händler aus dem Tempel:
Matthäus 21; siehe auch Markus 11; Lukas 19; Johannes 2
Das Gleichnis von den bösen Weinbergspächtern:
Markus 12; siehe auch Matthäus 21; Lukas 20
Die arme Witwe:
Markus 12; siehe auch Lukas 21

Jesus, der wahre Tempel

Die Geschichte, in der Jesus im Tempel für Ordnung sorgt, kommt in allen vier Evangelien vor. Bei Matthäus, Markus und Lukas ereignet sie sich nicht lange, nachdem man Jesus in einem Umzug mit Palmwedeln wie einen Helden gefeiert hatte. Im Johannesevangelium gehört sie zu den Ereignissen, die sich zu Beginn seines Wirkens zugetragen haben.

Johannes berichtet außerdem noch über die folgenden Worte Jesu an diejenigen, die im Tempel das Sagen hatten:

„Reißt diesen Tempel nieder, und in drei Tagen werde ich ihn wieder aufbauen!"

Sie hielten ihm entgegen: „Für den Bau dieses Tempels wurden sechsundvierzig Jahre gebraucht! Und du willst ihn in drei Tagen wieder aufbauen?"

Mit dem Tempel meinte Jesus aber seinen Leib. Als er vom Tod auferstanden war, erinnerten sich seine Jünger an dieses Wort.

Johannes 2,19-22

Der Tempel in Jerusalem war der Mittelpunkt der Passafeierlichkeiten. Dort ging Jesus hin. Im riesigen Innenhof war kein Durchkommen mehr: Händler hatten ihre Stände aufgestellt und verkauften die Dinge, welche die Pilger für das Fest brauchten. Man musste seine Landeswährung in ein spezielles Tempelgeld umwechseln, damit man die Tempelgebühr bezahlen konnte. Außerdem brauchte man noch Tiere zum Opfern: Rinder, Schafe und Tauben.

Was er da sah, gefiel Jesus gar nicht. Er ging daran, die Händler hinauszujagen, und warf dabei Tische und Hocker um.

„In den Heiligen Schriften steht, dass Gott erklärt hat: Mein Tempel soll eine Stätte sein, an der die Menschen zu mir beten können! Ihr aber macht eine Räuberhöhle daraus!"

Matthäus 21,13

Die obersten Priester waren sehr zornig über das, was Jesus da getan hatte.

Jesus verursacht einen Aufruhr im Tempelhof.

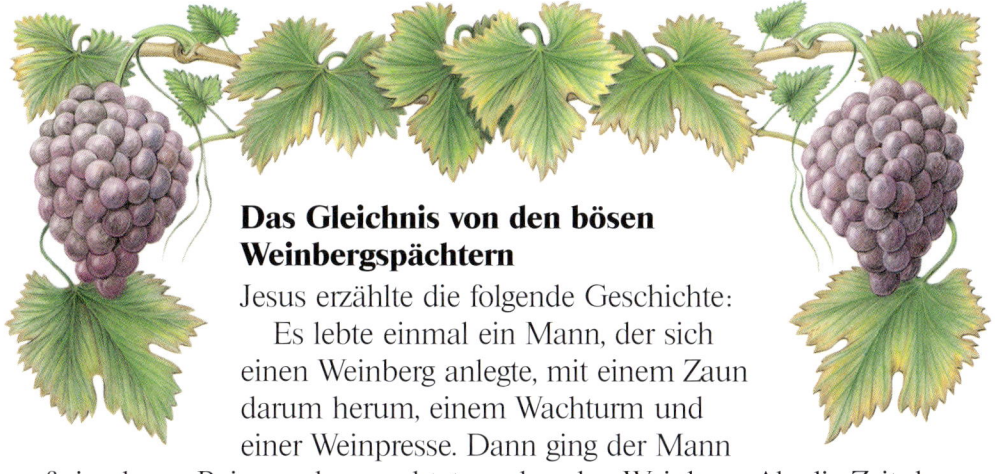

Das Gleichnis von den bösen Weinbergspächtern

Jesus erzählte die folgende Geschichte:

Es lebte einmal ein Mann, der sich einen Weinberg anlegte, mit einem Zaun darum herum, einem Wachturm und einer Weinpresse. Dann ging der Mann auf eine lange Reise und verpachtete vorher den Weinberg. Als die Zeit der Ernte gekommen war, schickte er einen Diener, der für ihn den vereinbarten Anteil kassieren sollte.

Die Pächter schlugen auf den Mann ein und schickten ihn ohne einen Cent wieder fort. Der Eigentümer des Weinbergs schickte einen zweiten Diener, und das Gleiche geschah. Er ließ noch weitere Diener hingehen. Einige von ihnen wurden geschlagen, andere sogar umgebracht.

Am Ende schickte der Mann seinen Sohn. „Meinen Sohn werden sie ja wohl respektieren", sagte er. Doch als die Pächter den Sohn sahen, ergriffen sie die Gelegenheit beim Schopf. „Wir wollen ihn töten", verabredeten sie. „Dann wird der Weinberg uns gehören." Und so machten sie es auch. „Was, glaubt ihr, wird wohl als Nächstes passieren?", fragte Jesus seine Zuhörer. „Der Eigentümer wird kommen, diese Mörder töten und den Weinberg dann anderen Leuten geben." Die religiösen Führer schäumten vor Wut. Sie erkannten, dass sich das Gleichnis gegen sie richtete. Mit dem Eigentümer war Gott gemeint, die Diener standen für die Propheten, und die Pächter für die religiösen Führer. Jesus warf ihnen damit vor, dass sie sich nicht so um die Dinge gekümmert hatten, wie von Gott gewünscht. Doch die Führer wollten nicht glauben, dass Jesus Gottes Sohn war.

Die Pächter des Weinbergs in Jesu Geschichte hatten vergessen, dass er ja eigentlich jemand anderem gehörte, und hatten damit begonnen, ihn wie ihr eigenes Eigentum zu behandeln.

Die arme Witwe

Als Jesus sich in der Nähe des Tempels aufhielt, beobachtete er die Leute, die kamen und etwas spendeten. Viele Reiche gaben eine große Summe. Dann kam eine arme Witwe des Weges und warf zwei Kupfermünzen ein, die nur wenig wert waren. „Diese Frau hat mehr gegeben als die anderen", erklärte er seinen Jüngern. „Denn sie hat alles hergegeben, was sie besaß."

Jesus fiel auf, dass die Gesetzeslehrer, die so gerne herausstellten, wie fromm sie doch waren, sich nicht in angemessener Weise um die Armen in der Gemeinde kümmerten.

Die dreizehn Opferkästen im Tempel trugen den Namen Schofarot. Das Wort „Schofar" bedeutet Trompete, und anscheinend hatten die Kästen eine trompetenförmige Öffnung. Diese Konstruktion erleichterte es den Spendern, Geld einzuwerfen, doch sie machte es den Langfingern unmöglich, ihre Hand hineinzustecken und Geld herauszunehmen.

39 Die Verschwörung gegen Jesus

Schlag nach

Judas:
Matthäus 26; Markus 14; Lukas 22

Die Verschwörung gegen Jesus:
Johannes 11; siehe auch Matthäus 26; Markus 14; Lukas 22

Jesus, der Gesalbte:
Matthäus 26; siehe auch Markus 14; Johannes 12

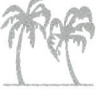

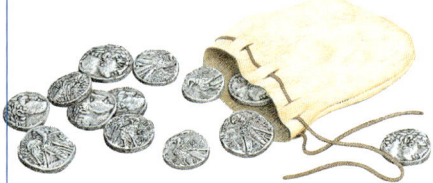

Judas

Eine mögliche Verhaftung Jesu stellte die religiösen Führer vor ein großes Problem. Wenn er von vielen Menschen umringt war, konnten sie ihn unmöglich einfach abführen, denn dann hätte das Volk aufbegehrt. Und wenn er mit seinen Jüngern unterwegs war, wussten sie nicht, wo sie ihn finden konnten.

Ihre Chance kam, als einer der Jünger Jesu, Judas Iskariot, sich bei ihnen meldete, um über einen Verrat seines Freundes zu verhandeln. Die Priester gaben ihm dreißig Silberstücke als Gegenleistung für Informationen darüber, wo sie Jesus antreffen konnten, wenn er allein war. Judas begann nach einer günstigen Gelegenheit Ausschau zu halten, um ihnen den entscheidenden Tipp zu geben.

Das, was Jesus tat und sagte, brachte ihm viele Anhänger ein. Die religiösen Führer jedoch – die Gesetzeslehrer und die Tempelpriester – wurden immer zorniger auf ihn. Seine Auslegung des Gesetzes, die Wunder, die er bewirkte, und seine Beliebtheit – alles war ihnen ein Dorn im Auge.

Johannes nennt in seinem Evangelium noch einen anderen Grund, warum sie so versessen darauf waren, sich Jesu zu entledigen: Weil er Wunder vollbringen konnte, feierten ihn die vielen Menschen, die ihm nachfolgten, als großen Helden. Die Römer, welche die Macht im Lande besaßen, konnten Jesus leicht für einen Rebellenanführer halten.

„Wenn wir Jesus so weiter machen lassen", sagten die religiösen Führer, „werden bald noch alle an ihn glauben, und die römische Obrigkeit wird etwas unternehmen und den Tempel und unsere Nation zerstören!"

Also vertraten sie den Standpunkt, dass es besser für alle Beteiligten wäre, wenn sie Jesus auslieferten und ihn sterben ließen, anstatt das ganze Volk untergehen zu lassen.

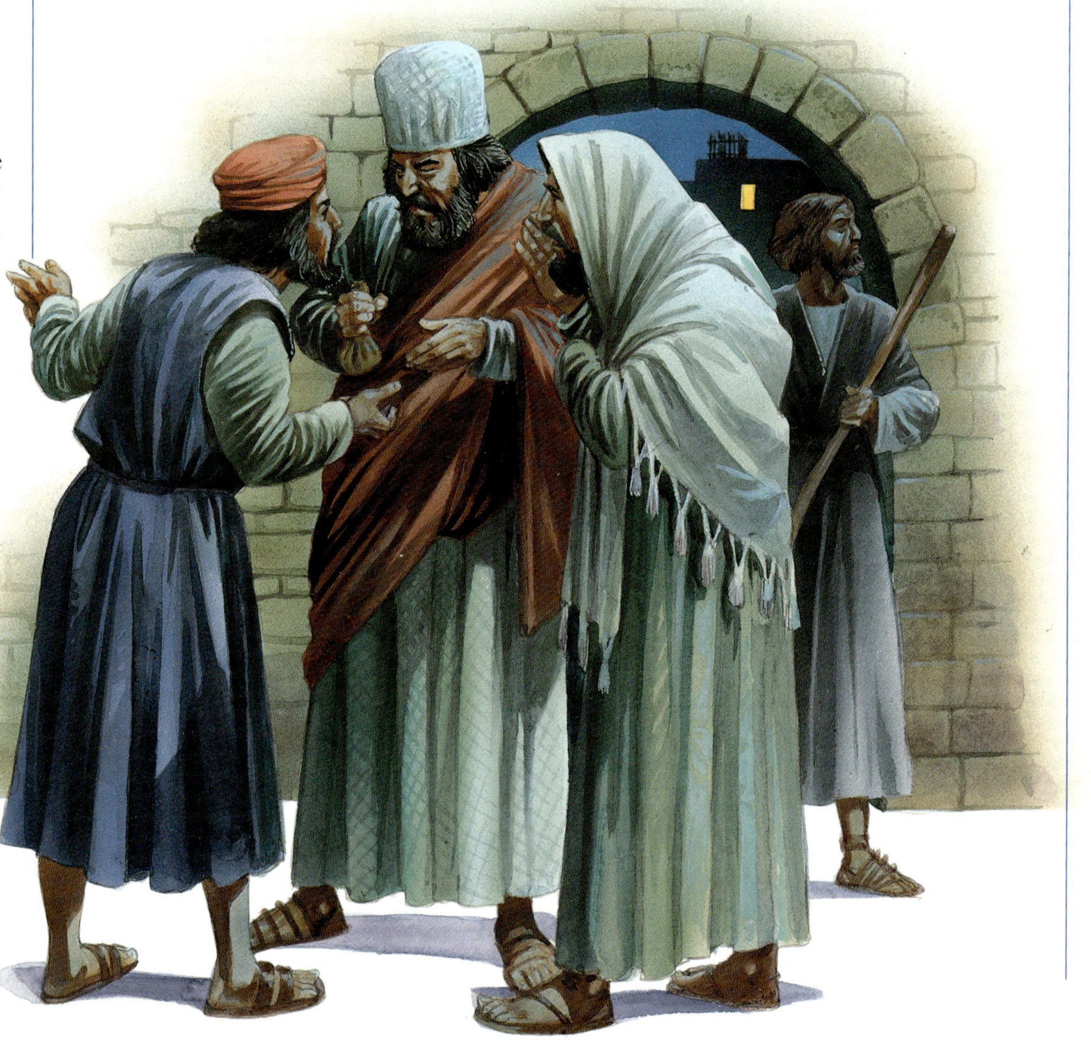

Judas erklärt sich heimlich bereit, Jesus an die religiösen Führer zu verraten.

Aufbegehren gegen die Römer

Die jüdische Obrigkeit tat gut daran, sich vor den Römern in Acht zu nehmen. Diese ließen den Völkern, über die sie herrschten, zwar sehr viel Freiraum bei der Gestaltung ihres Alltagslebens und ihrer Religion, vorausgesetzt die römische Autorität wurde nicht in Frage gestellt. Doch wenn sie das Gefühl hatten, ihre Rechte als Herrscher würden bedroht, dann konnten die Römer erbarmungslos sein.

Die Juden haben tatsächlich einmal gegen die Römer rebelliert, und zwar nicht lange nach Jesu Tod, um das Jahr 70 n. Chr. Im Verlauf dieser erbitterten Gefechte stürmten die Römer den Tempel in Jerusalem, zerstörten das Gebäude und trugen seine Schätze fort. Auf der folgenden Seite wird über den Widerstand berichtet, den die Juden den Römern in der Festung Masada entgegensetzten.

Diese Mauer ist alles, was heute noch vom jüdischen Tempel übrig ist. Sie war kein Teil des prächtigen Gebäudes – nur eine Stützmauer für die riesige Plattform, auf der der Tempel stand. Dennoch ist sie ein ganz besonderer Ort für die Juden, die aus aller Welt hierher kommen, um zu beten.

Der römische Kaiser, dessen Armeen die Juden besiegten, hieß Titus. Ihm zu Ehren wurde in Rom ein Triumphbogen errichtet. Er zeigt Männer, die Schätze aus dem Tempel in Jerusalem wegtragen, darunter Posaunen für den Gottesdienst und den siebenarmigen goldenen Leuchter.

Jesus, der Gesalbte

Ungefähr zur solben Zeit, als die Priester ihre Pläne schmiedeten, sich Jesu zu entledigen, geschah etwas sehr Bedeutendes. Während Jesus im Haus eines seiner Freunde beim Essen saß, kam eine Frau mit einem Fläschchen kostbaren Parfüms herein und goss es über ihm aus. Einige von denen, die dies mit ansahen − darunter auch Judas −, ärgerten sich über die Verschwendung. „Das hätte man doch verkaufen und den Erlös den Armen geben können", sagten sie.

Doch Jesus entgegnete, sie sollten die Frau in Ruhe lassen. „Arme Menschen werdet ihr auf diesor Welt immer haben, und wenn ihr ihnen Geld geben wollt, dann könnt ihr das auch tun", erklärte er. Er nahm das großzügige Geschenk der Frau dankbar an und betrachtete es als ein Symbol für das Salben. Eine Salbungszeremonie wurde vollzogen, um den Menschen, der der nächste König des Volkes sein sollte, zu bestimmen. Er wurde damit zum „Messias" oder Gesalbten gemacht (beziehungsweise, auf Griechisch, zum „Christus"). Auch jemanden, der gerade gestorben war, salbte man, bevor man ihn bestattete. Jesus wusste, dass er bald sterben würde.

Das Salben

Zur uralten Zeremonie des Salbens gehörte es, Öl über den Kopf des Auserwählten zu gießen, möglicherweise aus einem Behälter wie diesem hier. Damit goss man gewissermaßen Gottes Wohlwollen über dem Menschen aus.

Die ersten Könige des jüdischen Volkes wurden von einem Propheten namens Samuel gesalbt: Saul war der erste König und David der zweite.

40 Wenn das Ende kommt

Jesus wusste, dass seine Meinungsverschiedenheiten mit den religiösen Führern sich langsam zuspitzten. Matthäus, Markus und Lukas zufolge warnte er seine Jünger eindringlich vor bevorstehenden Kriegen und anderen Katastrophen − ja sogar vor dem Ende der Welt, so wie wir sie kennen.

Seid bereit

Jesus machte seinen Jüngern klar, dass niemand außer Gott wisse, wann sich diese Dinge ereignen würden. Sie müssten ständig darauf gefasst sein, dass Gott sie geschehen ließ, so wie Diener, die darauf warten, dass ihr Herr nach Hause kommt. Dazu erzählte er die folgende Geschichte:

„Wenn Gott sein Werk vollendet, wird es zugehen wie in der folgenden Geschichte:

Zehn Brautjungfern gingen mit ihren Lampen hinaus, dem Bräutigam entgegen, um ihn zu empfangen. Fünf von ihnen handelten klug, die anderen fünf gedankenlos. Die Gedankenlosen nahmen nur ihre gefüllten Lampen mit, während die Klugen auch noch Öl zum Nachfüllen mitnahmen.

Weil der Bräutigam sich verspätete, wurden sie alle müde und schliefen ein. Mitten in der Nacht ertönte der Ruf: Der Bräutigam kommt, geht ihm entgegen! Die zehn Brautjungfern standen auf und brachten ihre Lampen in Ordnung.

Da baten die Gedankenlosen die anderen: Gebt uns von eurem Öl etwas ab, denn unsere Lampen gehen aus. Aber die Klugen sagten: Ausgeschlossen, dann reicht es weder für uns noch für euch. Geht doch zum Kaufmann und holt euch welches!

Fünf Jungfrauen sind bereit, den Bräutigam bei seiner Ankunft zu empfangen.

Schlag nach

Das Ende der Zeiten:
Matthäus 24; Markus 13; Lukas 12, 17, 21

Seid bereit:
Matthäus 25

Das Jüngste Gericht:
Matthäus 25

Die Festung Masada, hoch oben auf einem Felsen, war der letzte jüdische Stützpunkt in der Rebellion gegen die Römer.

Das Ende der Zeiten

Mit einigen der Warnungen Jesu vor drohendem Unheil konnten seine Jünger nicht viel anfangen. Jahre später mögen sie diese Warnungen aber mit einem entscheidenden Krieg zwischen jüdischen Rebellen und den Römern in Verbindung gebracht haben. Im Verlaufe dieser Unruhen wurde der Tempel zerstört und die Juden über das ganze Reich verstreut.

Eine Handvoll jüdischer Rebellen hielt lange Zeit in der Festung Masada auf einem Felsen nahe dem Toten Meer aus. Doch sie saßen in der Falle, als die Belagerungsarmee über mehrere Wochen eine Rampe aus Erde die steile Felswand hinauf baute und die Festung schließlich stürmte. Allerdings mussten die Römer feststellen, dass fast alle Rebellen Selbstmord begangen und den Tod der Niederlage vorgezogen hatten.

So machten sich die fünf auf den Weg, um Öl zu kaufen.

Inzwischen kam der Bräutigam. Die fünf Klugen, die darauf vorbereitet waren, gingen mit ihm hinein zum Hochzeitsfest, und die Türen wurden geschlossen.

Schließlich kamen die anderen nach und riefen: Herr, Herr, mach uns auf! Aber der Bräutigam wies sie ab und sagte: Ich versichere euch, ich kenne euch nicht!

Darum seid wachsam, denn ihr wisst weder Tag noch Stunde im Voraus!"

Matthäus 25,1-13

Fünf Jungfrauen haben vergessen, Öl zum Nachfüllen mitzunehmen.

Das Jüngste Gericht

Jesus machte eindringlich klar, dass alle Menschen einmal mit einer abschließenden Beurteilung rechnen müssten, dem Jüngsten Gericht:

„Wenn der Menschensohn in seiner Herrlichkeit kommt, begleitet von allen Engeln, dann wird er auf seinem Herrscherthron Platz nehmen. Alle Völker der Erde werden vor ihm versammelt werden, und er wird die Menschen in zwei Gruppen teilen, so wie ein Hirt die Schafe von den Böcken trennt."

Matthäus 25,31-32

Weiter sagte Jesus, dass die, die immer vorbildlich gelebt haben, wegen ihrer Hilfsbereitschaft dem König gegenüber einmal freudig im Himmel begrüßt werden. Und sie werden entgegnen:

Herr, wann sahen wir dich jemals hungrig und gaben dir zu essen? Oder durstig und gaben dir zu trinken? Wann kamst du als Fremder zu uns und wir nahmen dich auf, oder nackt und wir gaben dir etwas anzuziehen? Wann warst du krank oder im Gefängnis und wir besuchten dich?

Dann wird der König antworten: Ich versichere euch: Was ihr für einen meiner geringsten Brüder oder für eine meiner geringsten Schwestern getan habt, das habt ihr für mich getan.

Matthäus 25,37-40

Die anderen aber werden weggeschickt, und sie werden ein schlimmes Ende finden.

✠ Das Ende der Welt ist nah

Manche Christen begutachten heute sehr genau all das, was Jesus gesagt hat, um herauszufinden, was er wohl mit dem Ende der Welt gemeint hat. Doch Jesus hat keinen Zweifel gelassen, dass das Ende aller Dinge ganz in Gottes Hand liegt. Und die Pflicht der Christen ist es, Jesu Lehren auch ganz fest zu befolgen, sodass sie bis zu ihrem Ende damit beschäftigt sein werden, Gutes zu tun – so, wie Jesus es gewollt hat.

Eine christliche Ärztin hilft mit, die Kranken zu heilen.

Christliche Helfer sind bemüht, die Ärmsten der Armen mit Nahrungsmitteln, Kleidung und einem Dach über dem Kopf zu versorgen.

41  Jesus und das Passamahl

Schlag nach

Jesus und das Passamahl:
Markus 14; siehe auch Matthäus 26;
Lukas 22; Johannes 13

Der alte und der neue Bund:
Lukas 22; siehe auch Matthäus 26;
Markus 14; 1 Korinther 11

Ein festlicher Schmaus

Es war ein römischer Brauch, sich beim Essen, vor allem bei einem Festessen, auf Liegen um einen niedrigen Tisch herum auszustrecken. Auch wenn das Passamahl ein jüdisches Fest war, kann man wohl davon ausgehen, dass auch Jesus und seine Jünger es so gemacht haben.

Jesus war zusammen mit seinen Jüngern nach Jerusalem gekommen, um dort das Passafest zu feiern. Trotz der Gefahr, die ihm von seinen Feinden drohte, bat er seine Jünger, alles für das Essen vorzubereiten. Er muss aber auch eigene Vorbereitungen getroffen haben haben, denn er sagte ihnen, sie sollten in die Stadt hineingehen, wo sie jemanden mit einem Wasserkrug treffen würden. Diesem Mann sollten sie bis zu einem Haus folgen und dort den Besitzer bitten, ihnen das Zimmer zu zeigen, das er Jesus vermieten wollte. Die Jünger machten es so wie Jesus es ihnen aufgetragen hatte, sie fanden das Haus, dessen Besitzer zeigte ihnen ein Zimmer im ersten Stock, und sie bereiteten dort das Festmahl vor.

Der alte und der neue Bund

Das Passamahl hatte große Bedeutung. Es erinnerte das jüdische Volk an die Zeit des ersten Passa, als Gott es Mose ermöglicht hatte, die Menschen aus Ägypten fortzubringen, wo sie als Sklaven gelebt hatten. Nachdem sie von dort entkommen waren, gab Gott den Menschen ein Versprechen: Sie sollten sich immer an Gottes Gesetze halten, dann würde Gott sie in ein Land führen, in dem sie sich niederlassen konnten. Dieses Versprechen wird auch als Bund bezeichnet. Während des Essens mit seinen Freunden sagte Jesus etwas ganz Besonderes über einen neuen Bund:

Judas schlich sich vom gemeinsamen Essen weg, um Jesus zu verraten.

Dann nahm Jesus ein Brot, sprach darüber das Dankgebet, brach es in Stücke und gab es ihnen mit den Worten: „Das ist mein Leib, der für euch geopfert wird. Tut das immer wieder, damit unter euch gegenwärtig ist, was ich für euch getan habe!"
Ebenso nahm er nach dem Essen den Becher mit Wein und sagte: „Dieser Becher ist Gottes neuer Bund, der in Kraft gesetzt wird durch mein Blut, das für euch vergossen wird. ..."

Lukas 22,19-20

Dieses Gemälde aus dem Tunnelnetz der Katakomben in Rom zeigt Christen, die miteinander das Mahl halten, so wie Jesus es ihnen aufgetragen hatte. In der Frühzeit des christlichen Glaubens war das Christentum verboten, und in Rom trafen sich Gläubige heimlich in den Katakomben.

Judas ergriff die Gelegenheit, um hinauszugehen und Jesus an die Männer zu verraten, die ihn verhaften wollten, sobald er allein war. Jesus wusste, dass Judas das tun würde. Andere Jünger fingen einen Streit darüber an, wer von ihnen einmal der Bedeutendste sein würde, und Jesus musste sie ermahnen. Er machte ihnen klar, dass derjenige von seinen Freunden, der der Größte sein wollte, für alle anderen wie ein Diener sein müsse, so wie er es war.

Jesus wusste auch, dass selbst der treue Petrus in der schweren Zeit, die jetzt vor ihnen lag, bestreiten würde, ihn zu kennen.

Dann gingen Jesus und seine Freunde zur Stadt hinaus zum nahe gelegenen Ölberg, wie sie es schon öfter getan hatten.

✝ Brot und Wein

Brot und Wein miteinander zu teilen, so wie Jesus es bei seinem letzten gemeinsamen Essen mit seinen Jüngern für die Zukunft angeordnet hat, wurde sehr schnell zu einem wichtigen Ritual unter seinen Anhängern. Ein paar Jahre später schrieb Paulus, eine der ersten Leitfiguren des Christentums, einen Brief an die Gläubigen in Korinth. Darin ermahnte er sie, das Ritual auch in der richtigen Weise durchzuführen.

Die gesamte Geschichte der christlichen Kirche hindurch sind die Gläubigen immer darauf bedacht gewesen, das Ritual mit der größten Ehrfurcht durchzuführen.

Jesus und seine Jünger aßen ein letztes Mal zusammen zu Abend.

In einigen Religionsgemeinschaften wird der Wein heutzutage aus einem Kelch getrunken, und das Brot ist eine dünne Oblate.

42 Das letzte Abendmahl: der Bericht des Johannes

Schlag nach

Das letzte Abendmahl:
Johannes 13–14

Die Arbeit eines Dienstboten

Zur Zeit Jesu war es Brauch, dass ein Gast bei seiner Ankunft die Gelegenheit bekam, sich die Füße zu waschen. Das war nötig, weil die Menschen in dem heißen Klima immer Sandalen trugen und ihre Füße auf den staubigen Wegen und Straßen schnell schmutzig wurden. Das Mindeste, was ein Gast erwarten konnte, war, dass ihm eine Schüssel mit Wasser hingestellt wurde, in der er sich selbst die Füße waschen konnte. Der Normalfall war allerdings, dass dies von einem Diener erledigt wurde. Ein solches Tonbecken wie oben abgebildet hätte man zum Beispiel dafür benutzen können.

Johannes' Bericht über das letzte gemeinsame Essen von Jesus und seinen Jüngern − das „letzte Abendmahl" − unterscheidet sich um einiges von denen der anderen Evangelisten. Es heißt bei ihm, das Essen habe am Abend vor dem Passafest stattgefunden, als Jesus schon wusste, dass es Zeit für ihn werde, diese Welt zu verlassen und zu Gott zurückzukehren.

Als alle versammelt waren, stand Jesus vom Tisch auf und machte sich bereit, seinen Jüngern die Füße zu waschen, wie es zur damaligen Zeit die Diener taten. Als er damit fertig war, erklärte er, was er getan hatte:

„Ihr nennt mich Lehrer und Herr. Ihr habt Recht, das bin ich. Ich bin euer Herr und Lehrer, und doch habe ich euch soeben die Füße gewaschen. ...Ich habe euch ein Beispiel gegeben, damit auch ihr so handelt, wie ich an euch gehandelt habe.

Amen, ich versichere euch: Ein Diener ist nicht größer als sein Herr und ein Bote nicht größer als sein Auftraggeber. ..."

Johannes 13,13-16

Doch mittlerweile war Jesus sehr niedergeschlagen, denn er wusste, dass einer von seinen Jüngern ihn verraten würde. Petrus wollte wissen, wer es sei, und Jesus erwiderte, er werde demjenigen, der sich gegen ihn gewandt hatte, ein Stück Brot reichen. Er reichte es Judas. „Beeile dich mit dem, was du vorhast", rief Jesus dem Judas noch nach, als dieser sich schleunigst davonmachte. Doch die anderen verstanden nicht, wohin er jetzt ging.

Jesus wusch Petrus die Füße. Er wollte seinen Freunden klar machen, was es bedeutet, einander zu dienen.

Ein neues Gebot

Als Judas fort war, gab Jesus seinen treuen Freunden ein neues Gebot mit auf den Weg:

„…Ich bin nicht mehr lange bei euch, meine Kinder. Ihr werdet mich suchen; aber ich muss euch jetzt dasselbe sagen, was ich früher schon den anderen gesagt habe: Wo ich hingehe, dorthin könnt ihr nicht kommen.

Ich gebe euch jetzt ein neues Gebot: Ihr sollt einander lieben! Genauso wie ich euch geliebt habe, sollt ihr einander lieben! An eurer Liebe zueinander werden alle erkennen, dass ihr meine Jünger seid."

Johannes 13,33-35

Jesus und Petrus

Petrus verstand nicht ganz, was Jesus da sagte, und bat ihn, genauer zu erklären, wohin er gehen würde. Jesus antwortete nur knapp, Petrus könne ihm jetzt noch nicht dorthin folgen.

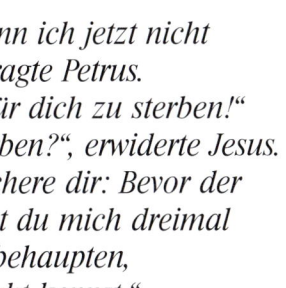

„Herr, warum kann ich jetzt nicht mitkommen?", fragte Petrus.
„Ich bin bereit, für dich zu sterben!"
„Für mich sterben?", erwiderte Jesus.
„Amen, ich versichere dir: Bevor der Hahn kräht, wirst du mich dreimal verleugnen und behaupten, dass du mich nicht kennst."

Johannes 13,37-38

Der Heilige Geist

Mit dem, was er dann sagte, tröstete er sie und versicherte ihnen, dass alles gut werden würde, trotz der schlimmen Dinge, die jetzt bevorstanden, trotz der Tatsache, dass es Zeit für ihn wurde, die Welt zu verlassen und zu seinem Vater im Himmel zurückzukehren.

„Wenn ihr mich liebt, werdet ihr meine Gebote befolgen. Und ich werde den Vater bitten, dass er euch an meiner Stelle einen anderen Helfer gibt, der für immer bei euch bleibt, den Geist der Wahrheit. …"

Johannes 14,15-17

Bevor er dann das Haus verließ, betete Jesus noch für seine Jünger, dass Gott sie beschützen möge.

✚ Die Fußwaschung

Das Johannesevangelium sagt nichts von dem Brot und dem Wein, es erwähnt nur die Fußwaschung. In vielen Kirchen findet einmal im Jahr eine rituelle Fußwaschung statt, und zwar am Vorabend des Tages, an dem man der Kreuzigung Jesu gedenkt. Dieser Tag wird auch als Gründonnerstag bezeichnet.

Bei einigen christlichen Gruppen kommt die Fußwaschung im kirchlichen Leben häufiger vor, so bei den Täufergemeinschaften in Nordamerika. Das Ritual soll ihnen bewusst machen, dass sie einander dienen sollen und nicht etwa glauben, einige in der Gemeinde seien mehr wert als andere.

Der Erzbischof von Canterbury in England ist das weltweite Oberhaupt der anglikanischen Kirche. Als er die Zeremonie des Füßewaschens am Donnerstag der Karwoche wieder einführte, achtete er besonders darauf, dass er das nicht nur für Männer tat – wie es sich in vielen Kirchen eingebürgert hatte – , sondern auch für Frauen.

43 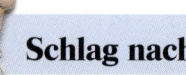 Jesus wird verhaftet

Schlag nach

Jesus betet alleine:
*Markus 14; siehe auch Matthäus 26;
Lukas 22*

Der Verrat:
*Lukas 22; siehe auch Matthäus 26;
Markus 14; Johannes 18*

Petrus verleugnet Jesus:
*Matthäus 26; Markus 14; Lukas 22;
Johannes 18*

Ein Olivenwäldchen

Der Ölberg

Der Ort, an dem Jesus verraten
wurde, lag auf einem Hügel
unmittelbar außerhalb von
Jerusalem − genau gegenüber
dem Tempel, der auf dem so
genannten Zionberg erbaut war.

Der Name „Ölberg" lässt
darauf schließen, dass seine
Hänge zur Zeit Jesu mit Oliven-
bäumen bedeckt waren (aus
denen man Öl gewinnt). Die
dichten, buschigen Bäume werden
keinerlei Licht vom Nachthimmel
durchgelassen haben, und ihre
Schatten werden Jesus und seine
Jünger vor allen eventuellen
Feinden verborgen haben − hätte
man sie nur nicht zu ihm geführt.

Die Nacht war über Jerusalem hereingebrochen. Jesus hatte mit
seinen Freunden noch einmal zum Mahl zusammengesessen. Er hatte
sie vor den schweren Zeiten gewarnt, die jetzt vor ihnen lagen. Judas war
alleine weggegangen.

Dann ging Jesus mit den elf Jüngern aus der Stadt hinaus, so wie sie
es schon oft getan hatten, über den Bach Kidron zu einem Olivenwäldchen auf dem angrenzenden Hügel, dem Ölberg.

Soldaten kamen, um Jesus zu verhaften
und zu den religiösen Führern zu bringen.

Jesus betet alleine

Matthäus, Markus und Lukas berichten, dass Jesus in diesem Olivenwäldchen, dem Garten Getsemani, beten wollte. Er nahm Petrus, Jakobus und Johannes mit sich und bat sie, mit ihm zusammen wach zu bleiben. Dann ging er alleine noch ein Stück weiter.

Sein Gebet war von Angst und Kummer erfüllt:

„Abba, Vater", sagte er, „alles ist dir möglich! Erspare es mir, diesen Kelch trinken zu müssen! Aber es soll geschehen, was du willst, nicht was ich will."

Markus 14,36

Als Jesus zu den dreien zurückkam, stellte er fest, dass sie eingeschlafen waren. Es machte ihn traurig, dass sie es nicht fertig brachten, mit ihm wach zu bleiben. Er ging zum zweiten Mal weg, um zu beten, und als er zurückkam, waren sie schon wieder eingeschlafen. Das war ihnen dann mittlerweile sehr peinlich. Aber das Gleiche geschah auch noch ein drittes Mal. Dann weckte Jesus sie: Er konnte seinen Verräter kommen sehen.

Der Verrat

Judas kam zurück. Er hatte einen Trupp Soldaten dabei, die ihm von den religiösen Führern zur Verfügung gestellt worden waren. Judas ging zu Jesus hin und begrüßte ihn, wie es damals üblich war, mit einem Kuss. Die bewaffneten Männer verhafteten Jesus. Es gab ein Handgemenge. Dabei wurde einem Diener des Obersten Priesters das Ohr abgehackt. Doch Jesus heilte ihn und ließ sich dann widerstandslos abführen.

Petrus verleugnet Jesus

Alle Jünger mit Ausnahme von Petrus liefen davon. Petrus ging ihm nach, als man Jesus in das Haus des Obersten Priesters zum Rat der Priester, Ältesten und Gesetzeslehrer brachte. Er setzte sich in den Hof und wärmte sich am Feuer.

Da kam ein Dienstmädchen vorüber. „Du warst doch bei Jesus von Nazaret, nicht wahr?", bemerkte sie.

Petrus widersprach ihr. Dann hörte er, wie sie anderen Leuten im Hof das Gleiche erzählte, und wieder stritt er es ab. Einer von ihnen kam zu ihm und behauptete dasselbe. „Deinem Akzent nach stammst du auch aus Galiläa. So wie Jesus", sagte er. Und zum dritten Mal stritt Petrus es ab.

Da krähte der Hahn. Es war schon fast Morgen. Und mit einem Mal fiel Petrus wieder ein, wie Jesus ihn gewarnt hatte, dass dies passieren würde, und er fing an zu weinen.

Auf diesem Gemälde aus dem 19. Jahrhundert sieht Jesus den Petrus an.

✠ Der Blick

Die Geschichte darüber, wie Petrus vorgibt, Jesus nicht zu kennen, wird von Lukas noch mit einem zusätzlichen Detail ausgeschmückt. Nachdem Petrus es das dritte Mal abgestritten hatte, drehte sich Jesus um und sah ihm direkt ins Gesicht. Dieser Blick war es, der Petrus an seine Worte vom Vorabend erinnerte, dass er so etwas niemals tun würde.

Dieser Vorfall wurde in zahlreichen Kunstwerken dargestellt. Christen haben manchmal das Gefühl, dass auch sie Jesus im Stich lassen, genauso wie Petrus es tat. Ein Bild mit der Szene von dem Blick, den Jesus dem Petrus zuwarf, ermahnt sie dazu, nicht so unbeständig zu sein.

44 Jesus unter Anklage

Schlag nach

Jesus unter Anklage:
Matthäus 26; Markus 14; Lukas 22; Johannes 18

Gerichtsverfahren bei Nacht

Das jüdische Gesetz zur Zeit Jesu untersagte Gerichtsverhandlungen bei Nacht. Ein ganz praktischer Grund für eine solche Bestimmung war, dass Menschen, die nicht ausgeschlafen sind, kaum ausgewogene Urteile fällen können. Die ungesetzliche Zeit und die Tatsache, dass Zeugen bezahlt werden mussten, werden in den Evangelien als Beweise dafür genannt, dass das Gerichtsverfahren gegen Jesus vollkommen unfair ablief.

Man nimmt an, dass diese Stufen in Jerusalem vom Haus des Obersten Priesters herabführen, in dem Jesus vor Gericht gestanden hat. Viele christliche Pilger glauben, dass man Jesus dann eilig diese Stufen hinunterbefördert hat.

Es war mitten in der Nacht. Jesus blickte in ein Meer von Gesichtern: auf die Ältesten und die Gesetzeslehrer, die ihn hassten. Sie wollten unbedingt einen Grund dafür finden, sich seiner zu entledigen.

Einer nach dem anderen wurde als Zeuge aufgerufen, doch obwohl sie die Unwahrheit sagten, konnte man Jesus nicht nachweisen, dass er sich schuldig gemacht hatte. Am Ende lief es auf die eine Frage hinaus, die sie Jesus stellten: „Bist du der Messias, der Sohn Gottes?"

Das sind die Antworten, die die Evangelisten uns überliefert haben:

Matthäus

„Ja! Aber ich sage euch, von jetzt an gilt: Ihr werdet den Menschensohn sehen, wie er an der rechten Seite des Allmächtigen sitzt und auf den Wolken des Himmels kommt!"

Matthäus 26,64

Markus

„Ich bin es", sagte Jesus, „und ihr werdet den Menschensohn sehen, wie er an der rechten Seite des Allmächtigen sitzt und mit den Wolken des Himmels kommt!"

Markus 14,62

Lukas

„...Wenn ich es euch sage, werdet ihr mir nicht glauben, und wenn ich euch etwas frage, werdet ihr keine Antwort geben. Aber von nun an wird der Menschensohn an der rechten Seite des allmächtigen Gottes sitzen!"

Da riefen sie alle: „Dann bist du also der Sohn Gottes?" Er antwortete: „Ihr sagt es: Ich bin's."

Lukas 22,67-70

Johannes

Das Johannesevangelium schildert die Gerichtsverhandlung etwas anders. Der Oberste Priester fragte Jesus nach dem, was er den Leuten erzählt habe, und Jesus gab zur Antwort:

„Ich habe immer offen vor aller Welt gesprochen. Ich habe in den Synagogen und im Tempel gelehrt, wo sich alle Juden treffen, und habe niemals etwas im Geheimen gesagt. Warum fragst du dann mich? Frag doch die Leute, die meine Worte gehört haben! Sie wissen es."

Johannes 18,20-21

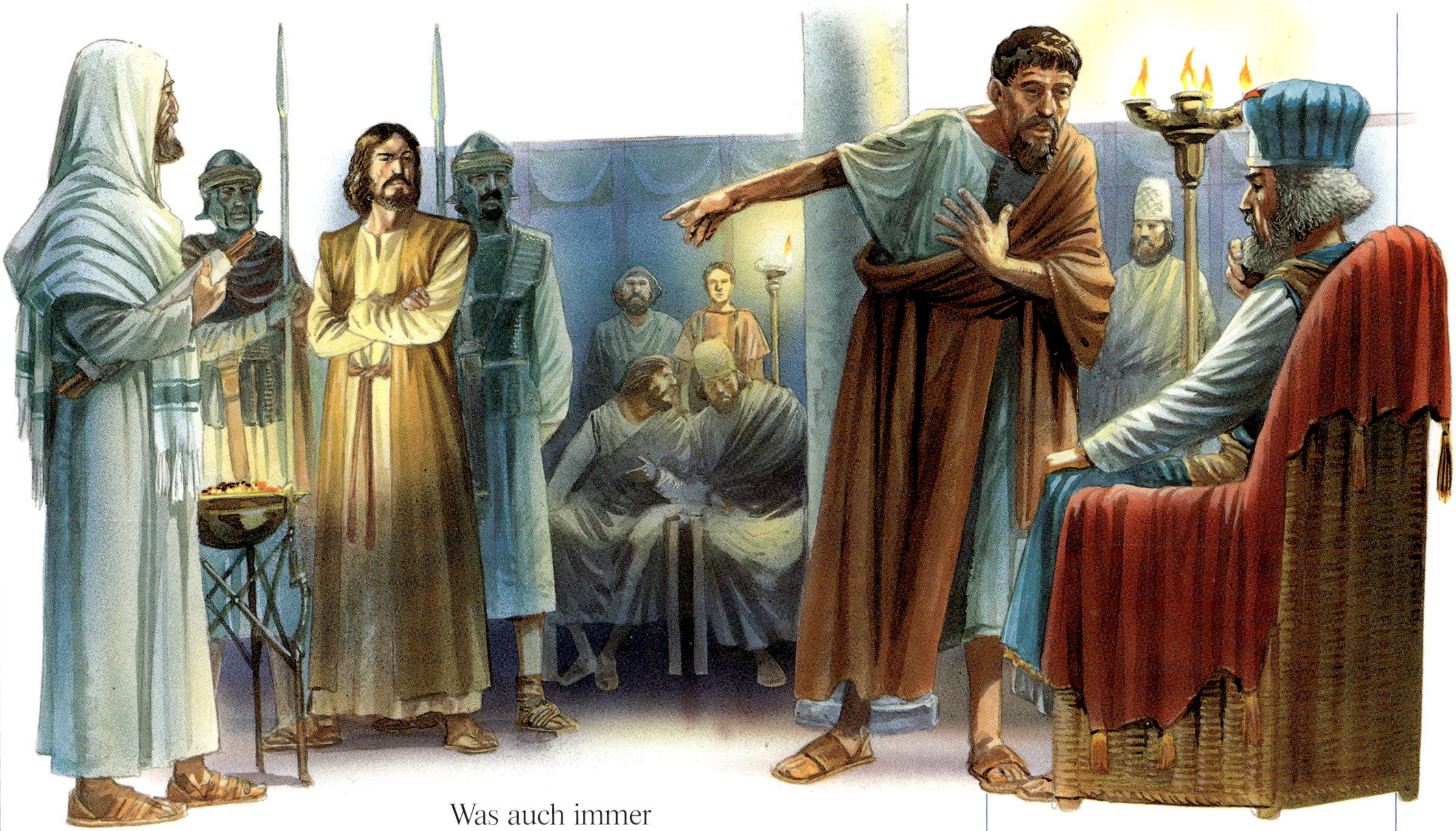

Was auch immer
vorgebracht wurde – die Ankläger Jesu hatten
ihren Entschluss längst gefasst. Jesus bedeutete für sie steten Ärger.
In der Verhandlung unterstellten sie ihm, er würde den Menschen wider alle
Tatsachen vorgaukeln, dass er Gott ganz besonders nahe stehe. Das, so fanden
sie, war eine Beleidigung gegen Gott. Jesus beging in ihren Augen die Sünde
der Gotteslästerung. Dennoch war ein entscheidender Grund dafür, dass sie
Jesus beseitigen wollten, ihre Angst, er könne so viel Aufsehen erregen, dass
die Römer massiv gegen ihr ganzes Volk vorgehen würden.
    Nur die römischen Machthaber durften ein Todesurteil verhängen.
Deshalb brachte man Jesus zum Statthalter Pontius Pilatus.

Zeugen trugen ihre Vorwürfe gegen
Jesus dem Obersten Priester und
dem übrigen Rat der Juden vor.

Der Oberste Priester

Die nächtliche Gerichtsverhandlung gegen
Jesus wurde im Haus des Obersten Priesters
abgehalten, dessen Name Kajaphas war. Zur Zeit
Jesu wählten die Römer den Obersten Priester
selbst aus. Sie wollten damit sicherstellen, dass
der Inhaber dieser einflussreichen Stellung auch
jemand war, der ihre Herrschaft unterstützte.
Der Oberste Priester wird also mit ziemlicher
Sicherheit eher für sein politisches Geschick
bekannt gewesen sein als für seine Frömmigkeit!

In die Brustplatte des Obersten Priesters
waren zwölf Edelsteine eingelassen – einer
für jeden der Stämme Israels – was an den
Volksglauben erinnern sollte, dass sie Gott
besonders lieb waren.

Der Oberste Priester trug einen
rituellen Turban. Entsprechend den
Anweisungen aus der Zeit Mose waren
in die goldene Verzierung die Worte
„Dem Herrn geweiht" eingraviert.

45 Jesus und Pilatus

Schlag nach

Jesus und die Römer:
*Markus 12; siehe auch Matthäus 22;
Lukas 20*

Jesus und Pilatus:
*Markus 15; Johannes 18;
siehe auch Matthäus 27; Lukas 23*

Seht den Menschen:
*Johannes 19; siehe auch Matthäus 27;
Markus 15*

Judas:
Matthäus 27; Apostelgeschichte 1

Jesus und die Römer

Die Evangelien berichten nicht viel über Jesus und sein Verhältnis zu den Römern. Eine Ausnahme bildet die Geschichte, als Jesus den Diener eines römischen Soldaten heilte, weil dieser einen so bedingungslosen Glauben hatte.

Wenige Tage vor der Gerichtsverhandlung versuchten die Pharisäer jedoch, Jesus dazu zu verleiten, etwas gegen die Römer zu sagen, um ihn so ans Messer zu liefern.

Sie fragten ihn, ob es richtig sei, dem römischen Kaiser Steuern zu zahlen.

Jesus antwortete:

„Ihr wollt mir doch nur eine Falle stellen! Gebt mir eine Silbermünze; ich will sie mir ansehen."
Sie gaben ihm eine und er fragte: „Wessen Bild und wessen Name sind denn hier aufgeprägt?"
„Das Bild und der Name des Kaisers", antworteten sie.
Da sagte Jesus: „Dann gebt dem Kaiser, was dem Kaiser gehört – aber gebt Gott, was Gott gehört!"

Markus 12,15-17

Als die religiösen Führer Jesus unter dem Verdacht der Gotteslästerung zum römischen Statthalter Pontius Pilatus brachten, wusste dieser nicht recht, was er machen sollte. Die religiösen Gesetze der Juden interessierten ihn nicht, und er verstand sie auch gar nicht.

Pilatus verhörte Jesus, er konnte aber nichts ermitteln, dessentwegen er ihn hätte verurteilen können. Wie Lukas berichtet, schickte er ihn daraufhin zum jüdischen König von Galiläa, Herodes, doch das brachte die Ermittllungen gegen Jesus auch nicht weiter. Pilatus hätte ihn gern mit einer Auspeitschung davonkommen lassen, doch die religiösen Führer bestanden auf der Todesstrafe.

Also versuchte es Pilatus noch einmal auf andere Weise.

Es war üblich, dass Pilatus zum Passafest einen Gefangenen begnadigte, den das Volk bestimmen durfte.
Damals war gerade ein gewisser Barabbas im Gefängnis, zusammen mit anderen, die während eines Aufruhrs einen Mord begangen hatten. Die Volksmenge zog also zu Pilatus und bat für Barabbas um die übliche Begnadigung.
Pilatus erwiderte: „Soll ich euch nicht den König der Juden freigeben?" Ihm wurde nämlich immer klarer, dass die führenden Priester Jesus nur aus Neid an ihn ausgeliefert hatten.
Doch die führenden Priester redeten auf die Leute ein, sie sollten fordern, dass er ihnen lieber Barabbas freigebe.

Barabbas war ein Aufrührer und ein Mörder.

Da versuchte es Pilatus noch einmal und fragte sie: „Was soll ich dann mit dem anderen machen, den ihr den König der Juden nennt? Was wollt ihr?"
„Kreuzigen!", schrien sie.
„Was hat er denn verbrochen?", fragte Pilatus.
Aber sie schrien noch lauter: „Kreuzigen!"
Um die Menge zufrieden zu stellen, ließ Pilatus ihnen Barabbas frei und gab den Befehl, Jesus mit der Geißel auszupeitschen und zu kreuzigen.

Markus 15,6-15

Laut Matthäus ließ Pilatus' Frau ihrem Mann ausrichten: „Lass die Hände von diesem Gerechten!"

✚ Seht, der Mensch

Im Johannesevangelium lesen wir, dass Pilatus Jesus von seinen Soldaten auspeitschen ließ, bevor er die Entscheidung traf, ob er ihn nun zum Tode verurteilen sollte oder nicht. Die Soldaten zogen ihm einen Mantel in der Farbe der Könige über und krönten ihn mit Dornen. So sah Jesus aus, als Pilatus ihn vor die Menge treten ließ und sie nach ihrer Meinung zum Strafmaß fragte. Die Worte, die er dabei gebrauchte, sind auf Lateinisch mit „Ecce homo" wiedergegeben worden und auf Deutsch mit „Seht, der Mensch". In vielen Kunstwerken wurde dieser Moment festgehalten.

Das Königtum Jesu

Die Feinde Jesu erklärten Pilatus, Jesus behaupte, er sei der König der Juden. Das habe ihn wie einen Rebellen erscheinen lassen. Als Pilatus Jesus fragte, ob das stimme, gab er ihm diese Antwort:

„Mein Königtum stammt nicht von dieser Welt. Sonst hätten meine Leute dafür gekämpft, dass ich den Juden nicht in die Hände falle. Nein, mein Königtum ist von ganz anderer Art!"

Da fragte Pilatus ihn: „Du bist also doch ein König?"

Jesus antwortete: „Ja, ich bin ein König. Ich wurde geboren und bin in die Welt gekommen, um die Wahrheit offenbar zu machen und als Zeuge für sie einzutreten. Wem es um die Wahrheit geht, der hört auf mich."

Johannes 18,36-37

Zwar verstand Pilatus den Sinn dieser Antwort nicht genau, doch war er immer noch nicht überzeugt, dass Jesus den Tod verdiente.

Matthäus zufolge wusch sich Pilatus vor aller Augen die Hände. Das sollte deutlich machen, dass er sich von jeglicher Verantwortung für Jesu Tod reinwaschen wollte.

Pontius Pilatus

Die oben abgebildete Steintafel wurde in Cäsarea entdeckt, an der Küste des Landes, in dem Jesus lebte. Darunter sind noch einmal die Buchstaben wiederholt, die heute noch zu entziffern sind – einige sind zerstört. Aus ihnen geht hervor, dass Pilatus, als er die Region verwaltete, dem Kaiser Tiberius ein Denkmal erbauen ließ – ein Tiberium. Der Stein ist ein weiterer Beleg dafür, dass sich die Geschichte von Jesus wirklich zugetragen hat.

Judas

Als Judas erfuhr, dass man Jesus verurteilt hatte, ging er mit dem Geld, das er bekommen hatte, zurück zu den Priestern. Er erklärte ihnen, er habe eine schwere Sünde begangen, indem er einen Unschuldigen ausgeliefert habe. Das aber interessierte die Priester nicht. Matthäus berichtet, Judas habe daraufhin das Geld weggeworfen und sich erhängt. Lukas zufolge kaufte er sich einen Acker und stürzte sich dort zu Tode.

Schlag nach

Der Weg zum Kreuz:
Markus 15; Johannes 19;
siehe auch Matthäus 27; Lukas 23

Das Kreuz tragen:
Lukas 23; siehe auch Matthäus 27;
Markus 15

Die Felsnasen an diesem Hügel in der Nähe des alten Jerusalem sehen aus wie ein Totenkopf. Daher glauben manche Leute, dass es sich bei diesem Ort um Golgota handeln könnte.

Der Ort der Kreuzigung

Niemand weiß mit absoluter Sicherheit, wo Jesus gekreuzigt wurde. In den Evangelien steht, dass es außerhalb der Stadtmauern war, in der Nähe einer Straße und aus der Entfernung gut sichtbar − vermutlich also auf einem Hügel. Der Ort trug den Namen Golgota, Schädelstätte.

In manchen modernen Bibelübersetzungen und auch in vielen Kirchenliedern heißt es, Jesus sei auf dem Kalvarienberg gekreuzigt worden. Dieses Wort geht zurück auf den lateinischen Begriff für Schädel.

„König der Juden?" Die Soldaten waren geübt darin, andere einzuschüchtern, und die Anklage gegen Jesus gab ihnen einen wohlfeilen Anlass. Sie hängten ihm einen dunkelroten Mantel um, in derselben Farbe, wie sie der Kaiser als Zeichen seiner besonderen Stellung trug. Sie flochten eine Krone aus Dornen und pressten sie ihm auf den Kopf. Sie gaben ihm einen Stab als Symbol der Macht in die Hand. Dann machten sie sich über ihn lustig.

Die Soldaten führten Jesus aus der römischen Festung Antonia heraus, um ihn zu kreuzigen.

Dieses Bild zeigt, wie der Weg zur Kreuzigungsstätte zur Zeit Jesu ausgesehen haben könnte.

Das Kreuz tragen

Danach zogen die Soldaten Jesus wieder seine eigenen Sachen an und ließen ihn den Holzbalken für sein Kreuz tragen. Auf dem Weg zur Hinrichtungsstätte begegneten sie einem Mann mit Namen Simon, der aus der Stadt Zyrene nach Jerusalem gekommen war. Die Soldaten beschlossen, ihn das Holz ein Stück weitertragen zu lassen.

Lukas berichtet, dass eine große Menschenmenge hinter Jesus herging, darunter auch einige Frauen, die um ihn weinten. Jesus drehte sich um und sagte ihnen, sie sollten nicht um ihn weinen, sondern um sich selbst, denn es stünden schlimme Zeiten bevor. Die Soldaten führten Jesus an die Hinrichtungsstätte außerhalb der Stadtmauern − den Ort, der Schädelstätte beziehungsweise, auf Hebräisch, Golgota genannt wurde.

Diese Kirchenmalerei zeigt eine der Kreuzwegstationen: Simon von Zyrene wird aufgefordert, beim Tragen des Kreuzes zu helfen.

Jesus wurde durch die Straßen von Jerusalem zu einer Stelle außerhalb der Stadtmauern geführt.

✚ Kreuzwegstationen

Noch immer gehen jeden Freitag in Jerusalem Christen den Kreuzweg nach, die althergebrachte Strecke durch die Innenstadt. An verschiedenen Stellen bleiben sie stehen und rufen sich die Berichte aus den Evangelien und die anderen Überlieferungen zu dem ins Gedächtnis, was auf dem Weg Jesu zu seiner Kreuzigung vorgefallen ist.

Diese Haltepunkte nennt man die „Kreuzwegstationen". Traditionell gibt es vierzehn und noch eine fünfzehnte Station zur Auferstehung Jesu. In vielen Kirchen hängen fünfzehn Bilder an den Wänden, sodass Christen den Kreuzweg „an der Seite Jesu" mitgehen können.

In einigen Ländern ist es Brauch, Kreuzwegstationen einen Hügel hinauf anzuordnen − einen solchen sogenannten Kalvarienberg steigen die Pilger dann nach oben bis zum Kreuz hinauf.

Die Soldaten würfelten um den Mantel Jesu.
Dies hier ist ein römisches Würfelbrett,
das auf einem Gehsteig in Jerusalem entdeckt worden ist.

Als sie zur Hinrichtungsstätte gekommen waren, boten die Soldaten Jesus ein Betäubungsgetränk an, damit er die Schmerzen besser ertragen konnte, doch er lehnte es ab. Sie nahmen Jesus und kreuzigten ihn, indem sie ihn auf ein Holzkreuz nagelten.

Dann teilten die vier Soldaten seine Habseligkeiten unter sich auf. Wie Johannes berichtet, wollten sie den Mantel Jesu, der aus einem Stück gewebt war, nicht zerreißen. Deshalb würfelten sie darum, wer ihn bekommen sollte.

Die beiden Diebe

An diesem Tag wurden neben Jesus noch zwei Verbrecher gekreuzigt, der eine links von ihm und der andere rechts. Lukas erzählt, dass einer von ihnen in das Spottgejohle der Menge einstimmte und zu Jesus sagte, wenn er wirklich der Messias wäre, sollte er es doch beweisen und sich selbst und auch sie retten.

Aber der andere wies ihn zurecht und sagte: „Nimmst du Gott immer noch nicht ernst? Du bist doch genauso zum Tod verurteilt wie er, aber du bist es mit Recht. Wir beide leiden hier die Strafe, die wir verdient haben. Aber der da hat nichts Unrechtes getan!"

Und zu Jesus sagte er: „Denk an mich, Jesus, wenn du deine Herrschaft antrittst!"

Jesus antwortete ihm: „Ich versichere dir, du wirst noch heute mit mir im Paradies sein."

Lukas 23,40-43

Eine Nachbildung eines Kreuzes aus dem
ersten Jahrhundert

✝ INRI

Menschen, die gekreuzigt wurden, bekamen ein Schild mit ihrem Vergehen darauf über sich ans Kreuz genagelt. Pilatus schrieb das Schild für Jesus. Darauf stand: „Jesus von Nazaret, König der Juden". Die obersten Priester wollten, dass er es änderte in: „Dieser Mann hat behauptet, er wäre der König der Juden", doch Pilatus entschied, dass alles so bleiben sollte, wie er es geschrieben hatte.

In der lateinischen Version beginnen die Wörter mit den Buchstaben INRI. Man sieht sie auf vielen Darstellungen der Kreuzigung.

IESUS
NAZARENVS
REX IVDAEORVM

Lateinisch

ישוע הנצרי
מלך היהודים

Hebräisch

IHCOYC O NAZAPAIOC
O BACIΛEYC TⲰN
IOYΔAIⲰN

Griechisch

Alle Evangelien berichten von dem, was Jesus sagte, als er am Kreuz hing.

Vergebung und Vertrauen

Lukas berichtet uns, dass Jesus ein Gebet für seine Henker sprach:

„Vater, vergib ihnen! Sie wissen nicht, was sie tun."

Lukas 23,34

Während Jesus immer schwächer wurde, verdunkelte sich der Himmel drei Stunden lang. Dann wurde durch eine unsichtbare Kraft der Vorhang im Tempel zerrissen, der das Allerheiligste verhüllte. Jesus rief laut:

„Vater, ich gebe mein Leben in deine Hände!" Mit diesen Worten starb er.

Lukas 23,46

Verzweiflung

Markus schreibt, dass Jesus nach den drei langen Stunden der Dunkelheit ausrief:

„Eloï, eloï, lema sabachtani?"

Markus 15,34

Markus und Matthäus berichten, dass einer der Soldaten, die Jesus sterben sahen, spontan ausrief, Jesus sei tatsächlich der Sohn Gottes.

Das bedeutet: „Mein Gott, mein Gott, warum hast du mich verlassen?" Jemand kam und bot ihm einen in Wein getränkten Schwamm zum Trinken an, doch Jesus trank nicht, sondern starb.

Matthäus erzählt dieselbe Geschichte und fügt noch hinzu, dass die Erde bebte, Gräber aufgerissen wurden und Tote dabei beobachtet wurden, wie sie nach Jerusalem hineingingen.

Sorge um andere

Bei Johannes lesen wir, dass Jesus seine Mutter Maria und Johannes, den Jünger, den er besonders gern hatte, am Fuß des Kreuzes stehen sah. Da sagte er zu seiner Mutter: „Frau, er ist jetzt dein Sohn!" Und zu Johannes sagte er: „Sie ist jetzt deine Mutter!" Es war als Bitte an Johannes gemeint, sich um sie zu kümmern. Dann sagte er noch: „Ich habe Durst." Und man gab ihm etwas zu trinken in Form eines Schwammes, der in Wein eingetaucht war. Schließlich sagte Jesus:

„Jetzt ist alles vollendet." Dann ließ er den Kopf sinken und gab sein Leben in die Hände des Vaters zurück.

Johannes 19,30

Als die Soldaten kamen um zu schauen, wie weit es mit den Verurteilten war, mussten sie den beiden anderen die Beine brechen, um ihr Sterben zu beschleunigen. Jesus war schon tot, doch zur Sicherheit stachen sie noch mit einem Speer in seine Seite.

Ein kunstvoll gestalteter Lettner in einer anglikanischen Kirche in Cornwall, England

✚ Der Lettner

Im Mittelalter war in viele Kirchen eine halbhohe Wand aus Holz eingebaut, die den Teil, in dem die Gläubigen saßen, von dem Teil trennte, in dem der Priester seinen Dienst am Altar verrichtete. Diese Wand, die allerdings nicht immer vollkommen blickdicht war, nennt man Lettner.

Oben auf dem Lettner befindet sich oftmals eine Nachbildung der Kreuzigung: Jesus am Kreuz und neben ihm seine Mutter auf der einen und der Jünger Johannes auf der anderen Seite.

Damit soll symbolisch ausgesagt werden, dass man nur auf den Weg zu Gottes Heiligkeit gelangen kann über das, was Jesus am Kreuz vollbracht hat.

48 Die Grablegung Jesu

Schlag nach

Die Grablegung Jesu:
*Matthäus 27; Markus 15; Lukas 23;
Johannes 19*

 Die Pieta

Als Pieta werden Darstellungen bezeichnet wie die oben abgebildete von Maria, der Mutter Jesu, die ihren toten Sohn auf dem Schoß hält. Das ist durch die Evangelien allerdings nicht belegt. Sie berichten aber davon, dass Maria bei der Kreuzigung dabei war und hinterher bei den Jüngern blieb.

Jesus wurde gekreuzigt am Tag vor dem jüdischen Sabbat. Es war daher unbedingt erforderlich, dass sein Leichnam beigesetzt war, bevor mit dem Sonnenaufgang der Ruhetag begann.

Ein Mann namens Josef aus Arimathäa ging zu Pilatus und bat ihn um den Leichnam. Pilatus ließ sich von den Wachen bestätigen, dass der Gefangene tot war, dann konnte Josef ihn mitnehmen. Er wickelte ihn in ein Tuch und ließ ihn zu einem Grab bringen. Vor das Grab rollten sie dann einen riesigen Stein, um es zu verschließen. Josef hatte das Grab für sich selbst gekauft. Es war eine in den Felsen gehauene Höhle und noch niemals zuvor benutzt worden.

Johannes berichtet, dass ein Mann mit Namen Nikodemus dem Josef dabei half, den Leichnam für die Beisetzung vorzubereiten. In den anderen Evangelien heißt es, mehrere Frauen hätten dies getan. Markus und Matthäus geben den Namen der einen mit Maria aus Magdala und den einer weiteren mit Maria an.

Die Wache am Grab

Wie Matthäus berichtet, machten sich die religiösen Führer immer noch Sorgen darüber, wie die Anhänger Jesu reagieren könnten. Am Sabbat gingen sie zu Pilatus und wiesen ihn darauf hin, dass Jesus gesagt hatte, er werde wieder zum Leben erweckt. Es sei ganz wichtig, dass die Leiche sicher unter Verschluss gehalten werde, damit seine Anhänger keine Gerüchte verbreiten konnten. Pilatus überstellte ihnen eine Wache, die auf das Grab aufpassen sollte, und sie versiegelten zudem den Eingang. Wenn das Siegel aufgebrochen wurde, würde man es schnell merken.

Das Gartengrab ist eine beliebte Pilgerstätte in Jerusalem.

✠ Wo wurde Jesus beigesetzt?

In Jerusalem gibt es zwei Orte, an die christliche Pilger gehen, wenn sie ein Grab sehen und sich an Jesu Beisetzung erinnern wollen.

Der eine Ort ist als das Gartengrab bekannt. Im neunzehnten Jahrhundert äußerte ein britischer Offizier mit Namen General Gordon die Ansicht, dies könne die richtige Stelle sein. Das Grab besteht aus einem niedrigen, in den Fels gehauenen Raum mit Steinablagen, auf die man den Toten hätte legen können. Heutzutage sieht das Grab allerdings enttäuschend schäbig aus, und der Eingang ist mit einer hässlichen Mauer ausgeflickt.

Neuere Nachforschungen haben aber ergeben, dass dieses Grab weit vor der Zeit Jesu entstanden ist. Deshalb kann es sich nicht um die Grabstätte handeln, die Josef von Arimathäa sich anfertigen ließ. Da es jedoch so offensichtlich ein altes Grab ist und da es von gut gepflegten und ruhigen Gärten umgeben ist, bleibt es wohl auch weiterhin ein beliebtes Ziel für Pilger.

Der andere Ort ist die Grabeskirche. Nicht lange nach Jesu Tod wurde Jerusalem von den Römern zerstört und danach wieder aufgebaut. Erst nach 326 n. Chr., als der römische Kaiser Konstantin zum Christentum übertrat, machte man sich daran, bedeutende Schauplätze des Christentums wiederzuentdecken. In diesem Fall gaben ortsansässige Christen Hinweise darauf, wo gegraben werden sollte, und man fand tatsächlich ein Grab. Ein Großteil des Felsens war entfernt worden, um einen Schrein darum herum zu errichten. Im Laufe der Jahrhunderte wurde dieser Ort von Erdbeben, Feuer und Kriegen in Mitleidenschaft gezogen, doch es kamen weiterhin Pilger; schließlich baute man über viele Jahre eine Kirche.

Nach allem, was man bis heute weiß, könnte es sich bei diesem Ort sehr wohl um die Stelle des Grabes handeln.

An dieser aufwändig gestalteten Stätte innerhalb der Grabeskirche befindet sich der Überlieferung nach das Grab Christi.

✠ Die Karwoche

In vielen christlichen Kirchen wird die Woche, die mit dem Palmsonntag beginnt, als die Karwoche bezeichnet. Innerhalb dieser wenigen Tage erkannten damals die Anhänger Jesu, dass er sich auf der Erde nicht zum König machen würde. Vielmehr vertraute er darauf, dass Gott ihm einen ganz anderen Sieg bereiten werde würde – den Sieg der Auferstehung!

Die Dornenkrone, das Symbol dafür, dass Jesus sich für den Weg des Leidens entschied.

Josef von Arimathäa

Der Mann, der den Leichnam Jesu vom Kreuz nahm, hieß Josef von Arimathäa. Er war Mitglied im Rat der Juden, also im selben Rat, der Jesus angeklagt hatte. Josef war mit dem Urteil nicht einverstanden gewesen, doch seine Stimme reichte nicht aus, um Jesus zu retten.

Aufgrund seiner Stellung werden die römischen Behörden ihn zuvorkommend behandelt haben, als er um den Leichnam Jesu bat. Da er schon ein Grab für den Fall seines eigenen Todes besaß, kann man wohl davon ausgehen, dass er recht wohlhabend war.

49 Früh am Morgen

Schlag nach

Die Auferstehung:
1 Korinther 15

Früh am Morgen:
Matthäus 28; Markus 16; Lukas 24; Johannes 20

Maria aus Magdala:
Markus 16; Lukas 8; Johannes 20

Die Auferstehung

Das Wunder, dass Jesus vom Tod zu neuem Leben gelangt ist, wird als die Auferstehung bezeichnet. Sie bildet den Kernpunkt des christlichen Glaubens. Einer der bedeutendsten Menschen, die nach Jesu Tod den Glauben an ihn in aller Welt verbreitet haben, ist ein Mann mit Namen Paulus. Er schrieb in einem Brief:

Und wenn Christus nicht auferweckt worden ist, dann hat weder unsere Verkündigung einen Sinn noch euer Glaube. …

Ist aber Christus nicht auferweckt worden, so ist euer ganzer Glaube vergeblich. Eure Schuld ist dann nicht von euch genommen … Wenn wir nur für das jetzige Leben auf Christus hoffen, sind wir bedauernswerter als irgendjemand sonst auf der Welt.

1 Korinther 15,14-19

Dann spricht Paulus allerdings von seinem unbeirrbaren Glauben an das Wunder der Auferstehung Jesu und von seiner festen Überzeugung, dass Gott all diejenigen zum Leben erwecken wird, die im Glauben an Jesus Christus sterben. Er erklärt, dass die Stelle in der heiligen Schrift wahr werden wird, in der es heißt:

„Der Tod ist vernichtet! Der Sieg ist vollkommen!…"

1 Korinther 15,54

Die Christen glauben, dass, genauso wie der Samen in die Erde fallen muss, damit er wächst, alle Menschen zuerst sterben müssen, bevor sie in das Reich Gottes gelangen können.

Am Tag nach dem Sabbat gingen in der ersten Morgendämmerung einige Frauen zum Grab.

Das Erdbeben und der Engel

Matthäus berichtet, dass Maria aus Magdala und eine weitere Maria nach dem Grab schauen wollten. Da gab es plötzlich ein Erdbeben, und ein Engel rollte den Stein vom Eingang weg. Die Soldaten, die das Grab bewachten, brachen wie tot zusammen. Der Engel verkündete den Frauen, dass Jesus lebte und nach Galiläa gegangen war. Da machten sich die Frauen eilends auf den Weg, um es den Jüngern zu berichten. Und auf ihrem Weg begegneten sie Jesus und waren überglücklich.

Währenddessen liefen die Wachen zu den religiösen Führern und berichteten ihnen alles, was vorgefallen war. Man gab ihnen Geld, damit sie das Gerücht verbreiteten, die Anhänger Jesu hätten den Leichnam gestohlen.

Der offene Eingang und der Engel

Markus berichtet, dass drei Frauen zum Grab gegangen sind: Maria aus Magdala, Maria, die Mutter von Jakobus, und Salome. Sie hatten verschiedene Salben und Öle dabei, um damit den Leichnam einzubalsamieren, wie es Brauch war. Sie dachten noch darüber nach, wie sie wohl die Tür aufbekommen könnten, da sahen sie, dass der Stein bereits weggerollt war. Im Grab stand ein junger Mann, ganz in Weiß gekleidet. Er verkündete ihnen, dass Jesus lebte und auf dem Weg nach Galiläa war. Völlig verstört liefen die Frauen davon.

Das leere Grab

Bei Lukas heißt es, Maria aus Magdala, Johanna und Maria, die Mutter von Jakobus, gingen mit Bestattungsölen zum Grab. Sie fanden den Eingang offen vor und das Grab leer. Während sie noch überlegten, was das zu bedeuten hatte, kamen zwei Männer in leuchtenden Kleidern und traten neben sie.

„Was sucht ihr den Lebenden bei den Toten? Er ist nicht hier; Gott hat ihn vom Tod auferweckt!…"

Lukas 24,5-6

Die Frauen gingen los und erzählten es den Jüngern. Doch niemand glaubte ihnen ihre Geschichte. Petrus lief zum Grab und sah dort die Tücher, die um den Leichnam gewickelt gewesen waren, und sonst nichts.

Der Mann im Garten

Johannes berichtet, dass Maria aus Magdala ganz früh am Sonntagmorgen zum Grab ging. Es stand offen und war leer. Da lief sie los, um Petrus und Johannes zu holen. Die beiden gingen hinein und fanden die Grabtücher. Die Jünger gingen daraufhin wieder nach Hause, doch Maria blieb noch am Grab stehen. Als sie nochmals hineinschaute, sah sie zwei weiß gekleidete Engel darin sitzen. Die Engel fragten sie, warum sie denn weine. Sie antwortete: „Sie haben meinen Herrn weggebracht, und ich weiß nicht, wohin."

Dann drehte sie sich um. Sie sah einen Mann, und auch er wollte wissen, warum sie weinte.

Maria dachte, er sei der Gärtner, deshalb sagte sie zu ihm: „Herr, wenn du ihn fortgenommen hast, dann sag mir, wo du ihn hingelegt hast. Ich will hingehen und ihn holen."

Jesus sagte zu ihr: „Maria!"

Da erkannte Maria ihn: Es war Jesus, ihr geliebter Lehrer.

Und Maria ging und erzählte alles den Jüngern.

Maria aus Magdala
erkannte Jesus.

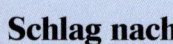

Am Tag der Auferstehung und noch vierzig Tage danach sahen die Jünger Jesus regelmäßig, unterhielten sich mit ihm und aßen mit ihm.

Der Weg nach Emmaus

An jenem Sonntagmorgen waren zwei der Jünger Jesu unterwegs von Jerusalem nach Emmaus. Da gesellte sich ein Mann zu ihnen, der auf demselben Weg war, und er fragte sie, worüber sie gerade sprachen. Der eine Jünger, er hieß Kleopas, sagte zu dem Mann, dass jedermann nur noch von Jesus von Nazaret sprach – von dem, der in allen die Hoffnung geweckt hatte, er werde das Volk befreien. Doch dann hatte man ihn hingerichtet, und jetzt ging das Gerücht, man habe ihn lebend gesehen.

Der Mann erklärte ihnen daraufhin, dass alles, was geschehen war, genau dem entsprach, was in den heiligen Schriften über den Messias vorausgesagt worden war. Das machte sie neugierig, und sie luden den Mann ein, an diesem Abend ihr Gast zu sein. Als sie sich zum Essen hinsetzten, sprach der Mann das Tischgebet und brach das Brot in Stücke. Es war Jesus!

Wenig später war er aber auch schon wieder verschwunden. Kleopas und sein Gefährte kehrten eilends zurück zu den Jüngern nach Jerusalem.

Lukas berichtet weiter, dass die beiden gerade dabei waren, ihre Neuigkeiten den Jüngern zu erzählen, als Jesus auftauchte. Er zeigte ihnen seine verletzten Hände und Füße und aß etwas von ihrem Essen, um zu beweisen, dass er kein Geist war. Im Markusevangelium gibt es eine ähnliche Episode.

Bei Johannes heißt es, dass an diesem Sonntagabend zehn der Jünger zusammen saßen in einem Zimmer in Jerusalem. Sie waren überglücklich, Jesus zu sehen, und berichteten ganz aufgeregt dem elften Jünger, Thomas, davon, als dieser zurückkehrte. Thomas jedoch wollte die Neuigkeit einfach nicht glauben.

„Niemals werde ich das glauben! Da müsste ich erst die Spuren von den Nägeln an seinen Händen sehen und sie mit meinem Finger fühlen und meine Hand in seine Seitenwunde legen – sonst nicht!"

Johannes 20,25

Eine Woche verging. Wieder waren sie alle beisammen, und das Zimmer war fest verschlossen. Da war auf einmal Jesus bei ihnen und forderte Thomas auf, ihn zu berühren.

Da antwortete Thomas: „Mein Herr und mein Gott!"

Jesus sagte zu ihm: „Du glaubst, weil du mich gesehen hast. Freuen dürfen sich alle, die mich nicht sehen und trotzdem glauben!"

Johannes 20,28-29

Schlag nach

Der ungläubige Thomas:
Johannes 20

Der Weg nach Emmaus:
Lukas 24; siehe auch Markus 16; Matthäus 28

Ich gehe fischen:
Johannes 21

Drei Fragen:
Johannes 21

✝ Der ungläubige Thomas

Armer Thomas! Er war nicht dabei gewesen, als der auferstandene Jesus den übrigen Jüngern erschienen war. So ist es kaum verwunderlich, dass es ihm schwer fiel zu glauben, dass die anderen Jesus lebendig gesehen hatten. Aufgrund dieses Vorfalls bekam er den Beinamen „der ungläubige Thomas". So nennt man auch heute noch jemanden, der nicht so leicht zu überzeugen ist.

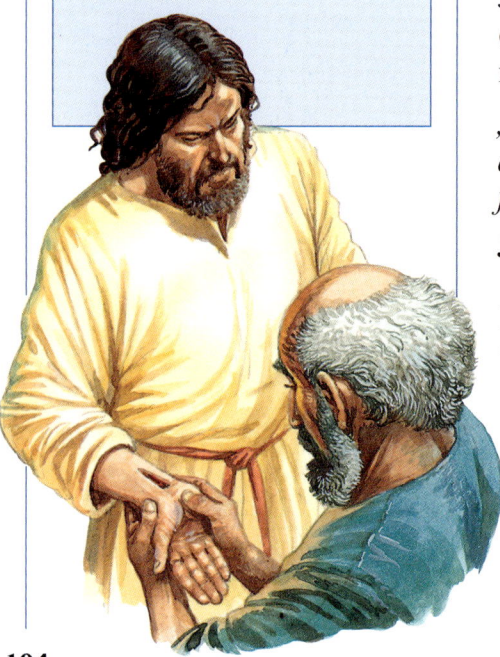

Als Thomas die Wunden Jesu sah, glaubte auch er, dass Jesus von den Toten auferstanden war.

Das Matthäusevangelium berichtet lediglich, dass der auferstandene Jesus seinen elf Jüngern auf einem Hügel in Galiläa begegnete. Johannes dagegen erzählt von noch einer anderen Gelegenheit, bei der Jesus seinen Jüngern erschien. Das geschah in Galiläa, nachdem Jesus bereits in Jerusalem mit ihnen zusammengetroffen war.

Ich gehe fischen

Sieben der Jünger Jesu standen gemeinsam am Ufer des Sees Gennesaret, unter ihnen Petrus und Johannes.

„Ich gehe fischen", verkündete Petrus. Das war die Tätigkeit, die er ausgeübt hatte, bevor er Jesus kennengelernt hatte.

Die anderen beschlossen, mit ihm zu kommen. Doch trotz ihrer langjährigen Erfahrung fingen sie in dieser Nacht keinen einzigen Fisch. Als der Tag dämmerte, steuerten sie wieder das Ufer an. Ein Mann stand dort und schaute ihnen zu.

„Kinder, habt ihr nicht ein paar Fische?", rief er.

„Nein, keinen einzigen!", antworteten sie.

Da sagte er: „Werft euer Netz an der rechten Bootsseite aus! Dort werdet ihr welche finden."

Das taten sie auch, und sofort war ihr Netz so voll mit Fischen, dass sie es nicht mehr einzuziehen vermochten.

Johannes schaute genauer hin. „Es ist der Herr!", sagte er zu Petrus. Petrus sprang ins Wasser und schwamm an Land. Er überließ es den anderen, das Boot ans Ufer zu bringen. Jesus hatte ein Kohlefeuer entzündet und bat nun um ein paar Fische, die er braten wollte.

Drei Fragen

Als Jesus seinen Jüngern in Galiläa begegnete, fragte er Petrus dreimal, ob er ihn liebe. *Ein drittes Mal fragte Jesus: „Simon, Sohn von Johannes, liebst du mich?"*

Petrus wurde traurig, weil er ihn ein drittes Mal fragte: „Liebst du mich?" Er sagte zu ihm: „Herr, du weißt alles, du weißt auch, dass ich dich liebe."

Johannes 21,17

Jesus trug Petrus auf, sich um alle seine Freunde zu kümmern, und ihm treu zu bleiben bis zu seinem Tod. Es war, als bekäme Petrus die Gelegenheit, die drei Male wieder gutzumachen, bei denen er Jesus in der Nacht von dessen Verhaftung verleugnet hatte.

Petrus sprang aus dem Boot, damit er als Erster ans Ufer gelangte, wo Jesus schon wartete.

51 Jesus verabschiedet sich

Schlag nach

Jesus verabschiedet sich:
Matthäus 28; Lukas 24; siehe auch Markus 16; Johannes 20, 21; Apostelgeschichte 1

Jesus wird in den Himmel aufgenommen:
Lukas 24; Apostelgeschichte 1; siehe auch Markus 16

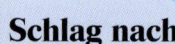

✠ Taufe

In vielen Kirchen werden Menschen, die neu zum christlichen Glauben gekommen sind, im Rahmen einer Tauffeier in die Gemeinschaft aufgenommen. Sie werden entweder in Wasser eingetaucht oder mit etwas Wasser bespritzt, und dabei werden die Worte „Im Namen des Vaters und des Sohnes und des Heiligen Geistes" gesprochen. Das sind die Worte, die Jesus seinen Jüngern für diesen Anlass mit auf den Weg gegeben hat. Der Getaufte verspricht dann noch, nach den Lehren Jesu zu leben.

Manche Religionsgemeinschaften taufen neugeborene Babys. In diesem Fall versprechen die Eltern und die Paten, das Kind so zu erziehen, dass es Jesus kennenlernt und später einmal ein entsprechendes Leben führen wird.

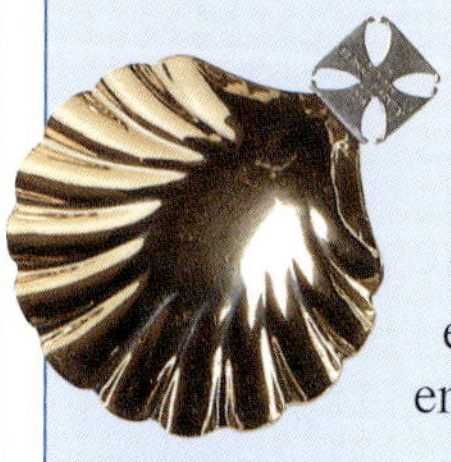

In einigen Kirchen benutzt man eine silberne Muschelschale, um damit Wasser über den Kopf desjenigen zu gießen, der getauft wird.

Als Jesus nach seinem Tod seinen Freunden erschien, erklärte er ihnen die Bedeutung all dessen, was geschehen war. Und er bat sie, das fortzusetzen, was er auf den Weg gebracht hatte.

„Der versprochene Retter muss leiden und sterben und am dritten Tag vom Tod auferstehen. Und den Menschen aller Völker muss verkündet werden, dass ihnen um seinetwillen Umkehr zu Gott und Vergebung der Schuld angeboten wird. In Jerusalem muss der Anfang gemacht werden. …"

Lukas 24,46-47

Darum geht nun zu allen Völkern der Welt und macht die Menschen zu meinen Jüngern und Jüngerinnen!

Tauft sie im Namen des Vaters und des Sohnes und des Heiligen Geistes, und lehrt sie, alles zu befolgen, was ich euch aufgetragen habe.

Matthäus 28,19-20

Petrus erklärte den versammelten Gläubigen, dass entweder Josef oder Matthias den Platz von Judas Iskariot einnehmen könnte.

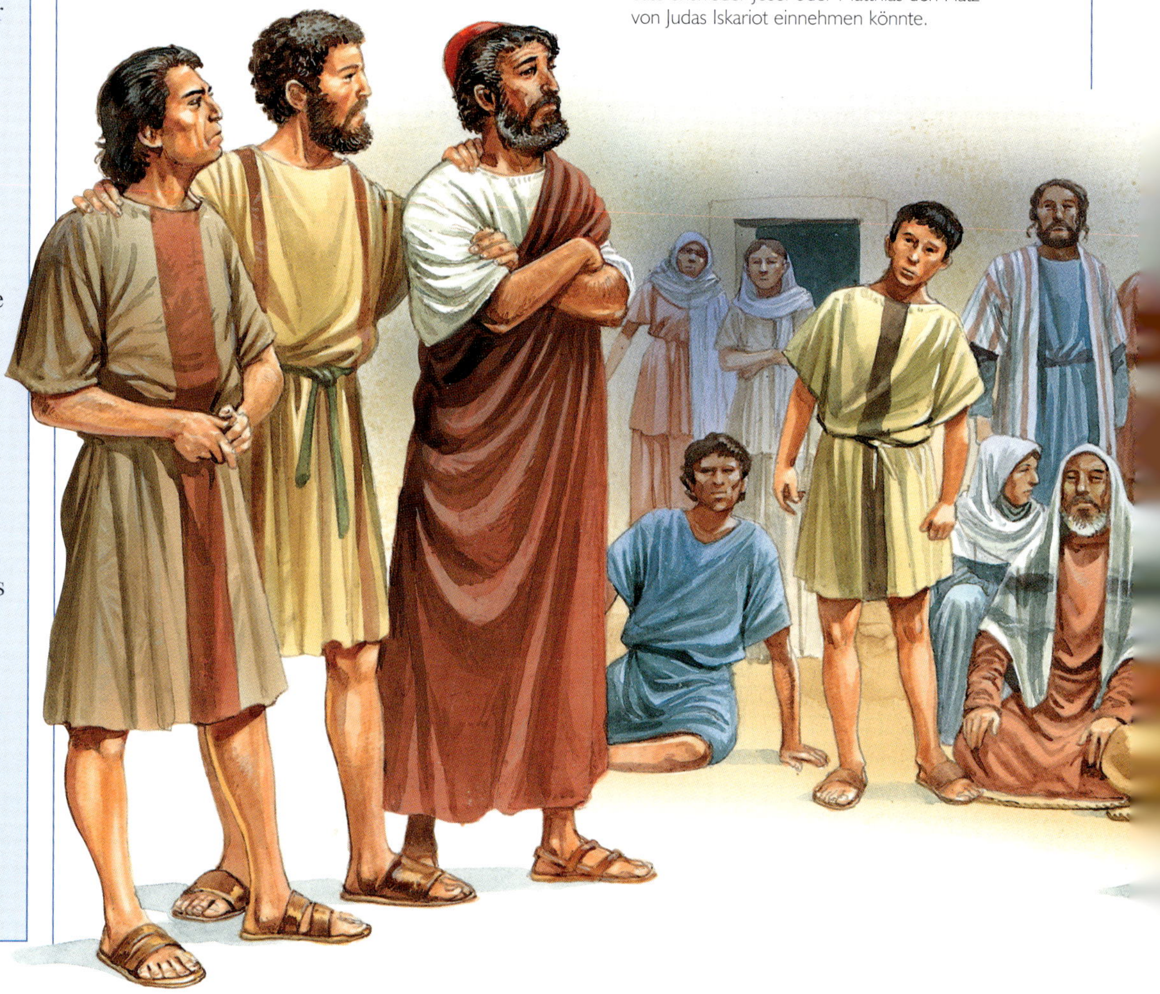

Jesus wird in den Himmel aufgenommen

Lukas berichtet besonders spannend über das, was dann geschah.

Jesus ging mit den Jüngern aus Jerusalem heraus bis nach Betanien. Dort hob er die Hände und segnete sie. Noch während er das tat, entfernte er sich von ihnen und wurde in den Himmel aufgenommen.

Eine Wolke verhinderte, dass sie ihn noch länger sehen konnten. Ihre Blicke waren noch wie gebannt auf den Himmel gerichtet, als plötzlich zwei Männer in Weiß neben ihnen standen.

„Warum schaut ihr nach oben?", fragten sie. „Dieser Jesus, der von euch fort in den Himmel gebracht worden ist, wird auf die gleiche Weise wiederkommen, in der ihr ihn habt weggehen sehen."

Nachdem sie miterlebt hatten, wie Jesus fortgegangen war, kehrten die elf Jünger nach Jerusalem zurück und beteten dort im Tempel zu Gott. Sie trafen sich immer wieder, um miteinander zu beten, zusammen mit den Frauen, die auch weiterhin treu zu Jesus standen. Maria, die Mutter Jesu, gehörte auch zu dieser Gruppe, und mit ihr noch andere Verwandte, die Lukas als die Brüder Jesu bezeichnet.

An einem Tag waren ungefähr hundertzwanzig Gläubige zusammengekommen. Da erklärte Petrus, dass er es für angebracht hielt, jemanden auszusuchen, der den Platz von Judas Iskariot einnehmen sollte. Zwei Männer wurden vorgeschlagen: Josef und Matthias. Darauf beteten alle zu Gott, er möge ihnen zeigen, wer von den beiden berufen werden solle, und sie losten es aus. Das Los fiel auf Matthias.

✝ Himmelfahrt

Jesu Aufnahme in den Himmel wird von vielen christlichen Kirchen gefeiert. Man nennt das Fest Christi Himmelfahrt. Es fällt auf einen Donnerstag, vierzig Tage nach Ostern.

Dies ist der Überlieferung nach die Stelle in der Nähe von Jerusalem, an der die Himmelfahrt stattfand. Um eine Vertiefung in Form eines Fußabdrucks herum wurde hier eine Kapelle errichtet.

Apostel

Die zwölf Jünger Jesu werden auch die Apostel genannt. Das Wort „Apostel" bedeutet „die, die gesandt sind". Die Jünger sind von Jesus ausgesandt worden, um überall von ihm und vom Reich Gottes zu berichten.

Die Apostelgeschichte

Lukas' zweites Buch ist unsere wichtigste Quelle über das, was die ersten Anhänger Jesu erlebt haben. Es ist in der Bibel abgedruckt. Man nennt es die Apostelgeschichte, manchmal auch Die Taten der Apostel, und es bildet die Fortsetzung des Lukasevangeliums.

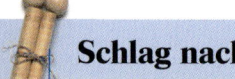

Schlag nach

Der Heilige Geist:
Apostelgeschichte 2

Die Gaben des Geistes:
1 Korinther 12–14

✠ In fremden Zungen reden

Am Pfingsttag stellten die Gläubigen fest, dass sie auf einmal in fremden Sprachen sprechen konnten, und deshalb die Pilger aus anderen Teilen des römischen Reiches verstanden. In manchen Kirchen ist das „In-fremden-Zungen-Sprechen" noch immer ein fester Bestandteil des Gottesdienstes. Heutzutage erklären die Gläubigen, die dabei mitmachen, in der Regel, dass Gott sie in Sprachen sprechen lässt, die weder sie selbst verstehen noch irgendjemand anderer, dass diese Sprachen jedoch sie und alle anderen dazu anregen, Gott zu preisen. Die Gruppierung innerhalb der heutigen Kirche, die diesen Brauch wiederbelebt hat, nennt sich die Pfingstkirche, zu Ehren des ersten christlichen Pfingsttages.

Jesus ermahnte seine Anhänger, nicht gleich loszugehen, um den Menschen die Botschaft zu verkünden. Stattdessen sollten sie in Jerusalem bleiben und sich ruhig verhalten, bis ihnen Kraft von Gott gegeben würde, nämlich der Heilige Geist.

Zehn Tage, nachdem Jesus in den Himmel aufgefahren war, fand das jüdische Erntefest statt. Einmal mehr waren Pilger aus aller Welt in Jerusalem zu Gast.

Die Freunde Jesu waren alle zusammengekommen. Da hörten sie ganz unvermittelt ein Geräusch wie von einem starken Wind, und etwas, das aussah wie Feuerszungen, verbreitete sich im ganzen Raum und berührte jeden Einzelnen.

Eine Kraft Gottes verwandelte sie − „sie waren erfüllt vom Heiligen Geist" − und mit einem Mal konnten sie sich in fremden Sprachen verständlich machen. Es dauerte nicht lange, da hatte sich schon eine große Menschenmenge versammelt. Die Pilger verstanden ja nun, was die Einheimischen in

Die Jünger befanden sich in einem abgeschlossenen Zimmer und hatten Angst, nach draußen zu gehen.

Nachdem die Jünger die Kraft von Gottes Heiligem Geist erhalten hatten,
eilten sie hinaus, um in ganz Jerusalem von Jesus zu berichten.

ihrer eigenen Sprache von Gott erzählten und von den großen Dingen,
die Gott getan hatte. Das machte sie neugierig.

Daraufhin erhob sich Petrus und sprach zur Menge. Er verkündete,
dass in Jesus all das, von dem in den jüdischen heiligen Schriften die Rede
gewesen war, Wirklichkeit geworden sei, und dass Jesus der Messias sei.

Die Leute staunten. „Was sollen wir tun?", fragten sie.

*Petrus antwortete: „Kehrt jetzt um und lasst euch taufen auf Jesus
Christus; lasst seinen Namen über euch ausrufen und bekennt euch
zu ihm − jeder und jede im Volk! Dann wird Gott euch eure Schuld
vergeben und euch seinen Heiligen Geist schenken. …*

*Lasst euch retten vor dem Strafgericht, das über diese verdorbene
Generation hereinbrechen wird!"*

Apostelgeschichte 2,38-40

Viele der Anwesenden überzeugte das, was Petrus gesagt hatte, und
dreitausend von ihnen ließen sich taufen.

Durch sein Leben und seinen Tod hatte Jesus bereits das Leben eines
jeden aus dem kleinen Kreis seiner Anhänger verwandelt. Seine Botschaft
war nun im Begriff, die ganze Welt zu verwandeln.

Die Gaben des Geistes

Die Gaben des Heiligen Geistes
waren nicht allein für die Freunde
Jesu am Pfingsttag bestimmt.
So jedenfalls sah es einer der
ersten Christen. In einem Brief
beschrieb er genauer, wie er das
meinte:

*Es gibt verschiedene Gaben, doch
ein und derselbe Geist teilt sie zu.
Es gibt verschiedene Dienste,
doch ein und derselbe Herr
macht dazu fähig. Es gibt verschiedene Wunderkräfte, doch ein
und derselbe Gott schenkt sie −
er, der alles in allen wirkt. Doch
an jedem und jeder in der
Gemeinde zeigt der Heilige Geist
seine Wirkung in der Weise und
mit dem Ziel, dass alle etwas
davon haben.*

1 Korinther 12,4-7

Er war überzeugt, dass jeder
einzelne Christ eine besondere,
von Gott gegebene Fähigkeit
besitzt − mit der er das Leben der
Kirche bereichert.

Allerdings fügte er noch hinzu,
dass es das Wichtigste für die
Christen sei, einander immer zu
zeigen, dass man sich liebt.

*Auch wenn alles einmal aufhört −
Glaube, Hoffnung und Liebe nicht.
Diese drei werden immer bleiben;
doch am höchsten steht die Liebe.*

1 Korinther 13,13

53 Die Gläubigen in Jerusalem

Wunder lassen staunen

Schon bald nachdem sie mit dem Predigen begonnen hatten, vollbrachten Petrus und Johannes in Jerusalem ein Aufsehen erregendes Wunder. Sie heilten einen gelähmten Mann, der seit Jahren als Bettler vor dem Tempel gesessen hatte. Es war auch noch von weiteren Wundern die Rede. Das hatte zur Folge, dass viele Menschen der Botschaft der Apostel Glauben schenkten, und dass die religiösen Führer so ratlos blieben wie eh und je.

✛ Diakone

Die Apostel suchten sich sieben Helfer, die sich um die praktischen Dinge kümmern sollten. Denn die stetig wachsende Gruppe der Gläubigen musste ja organisiert werden. Aus dem griechischen Begriff für „Helfer" (*diakonos*) ist im Deutschen das Wort „Diakon" geworden. Heutzutage ist in vielen Religionsgemeinschaften mit diesem Titel ein besonderes Amt in der Kirche verbunden.

Nach den Ereignissen an Pfingsten wuchs die Zahl der Menschen, die die Berichte über Jesus glaubten, immer mehr. Sie behandelten sich gegenseitig wie Familienmitglieder und teilten alles miteinander, was sie besaßen, sodass keiner Not leiden musste. Auch besuchten sie einander zu Hause und aßen in froher Runde zu Abend. Selbst die Menschen, die nicht an Jesus glaubten, waren von dieser Art zu leben beeindruckt.

Trotz aller Ermahnungen

Die religiösen Führer in Jerusalem waren fassungslos. Hatten sie doch selbst dafür gesorgt, dass Jesus hingerichtet wurde! Dass sich seine Anhänger nun mit solcher Begeisterung und mit solchem Erfolg neu zusammenschließen würden, damit hatten sie nicht gerechnet. Sie ließen Petrus und Johannes zu sich rufen und ermahnten sie eindringlich, mit dem Predigen aufzuhören. Doch Petrus und Johannes entgegneten mutig:

„Entscheidet selbst, ob es vor Gott recht ist, euch mehr zu gehorchen als ihm! Wir können nicht verschweigen, was wir gesehen und gehört haben!"

Apostelgeschichte 4,19-20

Ein Engel befreite Petrus und Johannes aus dem Gefängnis.

Man ließ die beiden noch einmal mit einer Ermahnung davonkommen. Doch noch eifriger als zuvor verbreiteten sie die gute Nachricht. Der Rat der jüdischen religiösen Führer ließ sie daraufhin ins Gefängnis werfen. Allerdings kam, so erzählt es Lukas, in der Nacht ein Engel, öffnete die Türen und ließ sie frei. Die Apostel gingen zum Tempel und predigten weiter.

Mit so wenig Aufsehen wie möglich verhaftete der Rat sie erneut, und wieder befahl man ihnen, nicht mehr über Jesus und seine Auferstehung zu sprechen. Doch sie lehnten auch diesmal ab. An diesem Punkt wollten viele der Ratsmitglieder sie hinrichten lassen. Da ergriff ein Mann mit Namen Gamalil das Wort. Er erinnerte sie an zwei berühmtberüchtigte Männer, die eine Art Volkshelden gewesen waren und einen großen Pöbelhaufen um sich geschart hatten. Doch als sie dann umgebracht wurden, zerstreuten sich ihre Anhänger in alle Winde. Gamalil fuhr fort:

„…Darum rate ich euch: Geht nicht gegen diese Leute vor! Lasst sie laufen! Wenn das, was sie wollen und was sie da angefangen haben, nur von Menschen kommt, löst sich alles von selbst wieder auf. Kommt es aber von Gott, dann könnt ihr nichts gegen sie machen. Wollt ihr am Ende als Leute dastehen, die gegen Gott kämpfen?"

Apostelgeschichte 5,38-39

Stephanus

Etwa um diese Zeit stellten die Apostel fest, dass sie viel zu viel Zeit damit verbrachten, die Aufteilung der Geldmittel unter den Gläubigen zu organisieren. Sie wollten sich wieder mehr dem Predigen widmen, daher suchten sie sich sieben Helfer, die für sie die Geldgeschäfte erledigen sollten. Einer von diesen Helfern war ein Mann namens Stephanus. Er konnte im Namen Jesu Wunder vollbringen. Stephanus geriet mit einigen anderen Juden in Streit über Jesus. Da sie ihm in der Diskussion nicht gewachsen waren, ließen sie ihn kurzerhand vor den Rat beordern.

Dort wiederholte Stephanus seine Argumente, die dafür sprachen, an Jesus zu glauben. Er hielt eine lange Rede und führte Beispiele aus den heiligen Schriften der Juden an, um deutlich zu machen, wie das Volk immer wieder Gottes Führung zurückgewiesen hatte.

„…Gibt es einen einzigen Propheten, den sie nicht verfolgt haben? Sie haben die Boten Gottes umgebracht, die das Kommen des einzig Gerechten angekündigt hatten. Den habt ihr nun verraten und ermordet!

Gott hat euch durch Vermittlung von Engeln sein Gesetz gegeben; aber ihr habt es nicht befolgt!"

Apostelgeschichte 7,52-53

Voller Wut verwiesen die Ratsmitglieder Stephanus aus der Stadt. Sie warfen ihre Mäntel ab und baten einen jungen Mann namens Saulus, darauf aufzupassen. Dann bewarfen sie Stephanus so lange mit Steinen, bis er tot war – ohne das römische Gesetz zu beachten, nach dem nur ein römischer Beamter die Todesstrafe verhängen durfte.

Im Augenblick seines Todes schaute Stephanus, so berichtet Lukas, zum Himmel hinauf und sah die Herrlichkeit Gottes und Jesus, der zur Rechten Gottes stand.

Der Legende nach kam der heilige Laurentius, der nicht bereit war, seinen Glauben aufzugeben, auf einem Metallgitter über einem Feuer zu Tode. Er soll bis zum Ende heiter geblieben sein.

✝ Märtyrer

Stephanus kam wegen seines Glaubens zu Tode und wurde so zum ersten Märtyrer des Christentums. Während der folgenden Jahrhunderte starben viele römische Christen. Sie wurden etwa in großen Veranstaltungen den Löwen vorgeworfen. Im Laufe der Geschichte sind seitdem noch viele weitere Christen für ihren Glauben den Märtyrertod gestorben. In der Kirche besitzen sie hohes Ansehen, weil sie im Augenblick ihres Todes so fest auf Gott vertraut haben.

Schlag nach

Philippus:
Apostelgeschichte 8

Petrus und Kornelius:
Apostelgeschichte 10

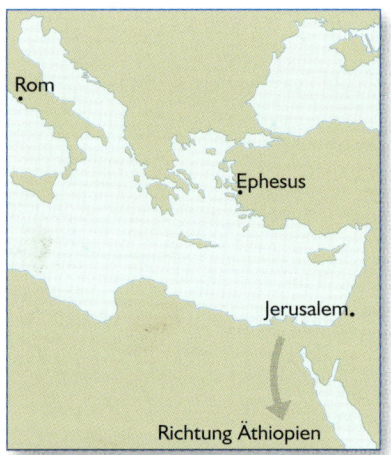

Diese Karte zeigt einige der Orte, an die die Jünger Jesu reisten, um die Botschaft des Christentums zu verbreiten.

In Cäsarea, einer Garnisonstadt an der Küste mit einem prachtvollen römischen Amphitheater, machte Petrus einen römischen Hauptmann mit dem Wirken Jesu bekannt.

Nachdem Stephanus hingerichtet worden war, unternahmen die religiösen Führer in Jerusalem den Versuch, aller Gläubigen habhaft zu werden und sie ins Gefängnis werfen zu lassen. Saulus hatte bereits mit Genugtuung der Steinigung Stephanus' zugeschaut. Nun ging er von Haus zu Haus, um möglichst viele Gäubige zu finden.

In gewisser Weise trug jedoch dieses Vorgehen gegen die Gläubigen dazu bei, das Christentum nur noch weiter zu verbreiten. Die Gläubigen suchten Zuflucht an Orten, an denen sie sich sicherer fühlten, und erzählten überall dort, wo sie hinkamen, ihre Geschichte.

Philippus

Philippus, einer der sieben Helfer, ging nach Samarien. Fromme Juden verachteten die Samariter und bemängelten, dass sie eine falsche Auffassung von ihrem Glauben hatten. Philippus aber freute sich, dass er ihnen von Jesus erzählen konnte. Viele fanden zum christlichen Glauben und ließen sich taufen. Petrus und Johannes kamen, um sie zu segnen, und als sie ihnen die Hände auflegten, wurden die neuen Gläubigen mit dem Heiligen Geist erfüllt.

Danach reiste Philippus weiter nach Süden, entlang der Straße von Jerusalem nach Gaza. Unterwegs fiel ihm ein Äthiopier auf, der mit großem Aufwand reiste. Wie sich herausstellte, war er der Finanzminister der Königin von Äthiopien. Philippus fühlte sich durch den Heiligen Geist ermuntert, hinzugehen und den Mann anzusprechen. Als er näher kam, bemerkte er, dass der Äthiopier im Buch Jesaja las, einem Teil der jüdischen heiligen Schrift. Philippus bot an, ihm den entsprechenden Abschnitt zu erklären. Er erläuterte dem Mann, dass der Prophet das Kommen Jesu vorausgesagt hatte.

Das überzeugte den Beamten. Als er am Wegrand eine Wasserstelle sah, bat er darum, gleich getauft zu werden. Ein Fremder – ein Heide – war ein Anhänger Jesu geworden.

Philippus erklärte sich bereit, einen Äthiopier zu taufen, der gern Christ werden wollte.

Petrus und Kornelius

Auch Petrus reiste umher, um Jesus überall bekannt zu machen. Die Wunder, die er dabei tat, ließen viele staunen − nicht zuletzt in der Stadt Joppe, als er dort eine Frau namens Tabita wieder zum Leben erweckte. Ihre verwitweten Freundinnen waren zu ihr nach Hause gegangen, um sie dort zu betrauern. Als sie feststellten, dass Petrus sie wieder lebendig gemacht hatte, sagten sie es allen weiter, die sie kannten.

Eines Tages stieg Petrus, er hielt sich noch in Joppe auf, auf das Dach des Hauses, in dem er wohnte, um dort still für sich zu beten. Er bekam Hunger, doch das Essen war noch nicht fertig. Da hatte er in der Mittagshitze eine Erscheinung. Ihm war, als würde ein Tuch voller Tiere vom Himmel heruntergelassen, und eine Stimme sagte: „Auf, Petrus, schlachte und iss!"

Doch das wollte Petrus nicht tun. Die Tiere gehörten zu solchen, die die Juden nicht essen durften. Da sprach die Stimme noch einmal: „Was Gott für rein erklärt hat, das erkläre du nicht für unrein!" Das geschah dreimal.

In diesem Augenblick trafen Reisende ein. Ein römischer Hauptmann namens Kornelius, der in der Garnisonstadt Cäsarea lebte, hatte sie geschickt. Er war ein Bewunderer des jüdischen Glaubens. Ihm war ein Engel erschienen, und der hatte ihm aufgetragen, Simon Petrus holen zu lassen.

Ganz allmählich begann Petrus zu begreifen. Mit der Erscheinung, die er gehabt hatte, wollte Gott ihm auf seine Weise zu verstehen geben, dass es die Schranke zwischen Juden und Nichtjuden in Zukunft nicht mehr geben sollte. Die jüdischen Gesetze erlaubten es ihm nicht, einen Nichtjuden zu besuchen, doch Gott wollte, dass er hinging und Kornelius und seiner Familie von Jesus erzählte.

Gesandte eines römischen Offiziers baten Petrus, mitzukommen und dessen Familie von Jesus zu erzählen.

Petrus wurde bei Kornelius zuhause herzlich aufgenommen und schon bald fing er an zu predigen: „Ich sehe jetzt ein, dass Gott alle Menschen gleich behandelt. Diejenigen, die zu ihm beten und tun, was recht ist, sind ihm willkommen, egal welche Herkunft sie haben."

Während die römische Familie noch dem Bericht über das Leben, den Tod und die Auferstehung Jesu lauschte, wurde sie vom Heiligen Geist erfüllt. Es war, als würde sich der Pfingsttag ein zweites Mal ereignen. Die Kunde von diesem Ereignis kam allen Gläubigen zu Ohren, und selbst die in Jerusalem mussten zugeben, dass sowohl Juden als auch Nichtjuden in Gottes Reich willkommen sind.

Der römische Kaiser Nero gibt das Zeichen zur Tötung eines Gefangenen. Man nimmt an, dass Nero Petrus' Kreuzigung angeordnet hat und dass Petrus darum bat, mit dem Kopf nach unten gekreuzigt zu werden, da er seiner Meinung nach weniger wert war als Jesus.

Was wurde aus den Jüngern?

Man weiß nur sehr wenig darüber, was nach der Auferstehung Jesu mit seinen Jüngern geschah.

Petrus war verheiratet und ist vermutlich mit seiner Frau umhergereist, um die Botschaft Jesu weiterzuverbreiten. Er ging nach Rom und schrieb von dort aus einen Brief an andere Christen. Noch ein zweiter Brief im Neuen Testament trägt seinen Namen. Petrus wurde vermutlich vom berüchtigten Kaiser Nero hingerichtet.

Auch Johannes erzählte die gute Nachricht eifrig weiter, obwohl sein Bruder Jakobus in Jerusalem hingerichtet wurde. Man nimmt an, dass er sich, zusammen mit Maria, der Mutter Jesu, in der Stadt Ephesus niederließ. Der Überlieferung zufolge schrieb er das Johannesevangelium. Viele glauben, dass er auch die Briefe schrieb, die im Neuen Testament unter seinem Namen abgedruckt sind. Eine weitere Überlieferung besagt, dass er, als er schon sehr alt war, die Leute drängte, vor allem eines zu beherzigen: „Ihr Kinder, liebt einander."

55 Jesus erscheint dem Saulus

Schlag nach

Lukas und Paulus:
Apostelgeschichte 16

Jesus erscheint Saulus:
Apostelgeschichte 9, 13, 22, 26

Aus Saulus wird Paulus:
1 Korinther 1; Apostelgeschichte 13,
21–28

Christen:
Apostelgeschichte 11

Lukas und Paulus

Die Geschichte von Paulus wird in Lukas' zweitem Buch, der Apostelgeschichte, erzählt. Anscheinend wurde Lukas dann einer von Paulus' Reisegefährten – wie man dem folgenden Abschnitt entnehmen kann. Er liest sich wie ein Reisetagebuch:

Wir fuhren von Troas auf dem kürzesten Weg zur Insel Samothrake und am zweiten Tag erreichten wir Neapolis. Von dort gingen wir landeinwärts nach Philippi, einer Stadt im ersten Bezirk Mazedoniens, einer Ansiedlung von römischen Bürgern. … Am Sabbat gingen wir vor das Tor an den Fluss …und sprachen zu den Frauen, die zusammengekommen waren.

Apostelgeschichte 16,11-13

Die Ruinen von Philippi – eine der Städte, die Lukas und Paulus bereist haben

Saulus wurde auf der Straße nach Damaskus von einem hellen Licht geblendet. Dann hörte er Jesus sprechen.

Obwohl viele der Anhänger Jesu nach Stephanus' Tod aus Jerusalem geflohen waren, machte Saulus auch weiterhin unerbittlich Jagd auf sie. Er war mit Leib und Seele Jude und empfand es als persönliche Beleidigung, dass irgendwelche Gerüchte über Jesus die Menschen in die Irre führten.

Mit dem Einverständnis des Obersten Priesters machte er sich auf den Weg nach Damaskus. Es war ihm nämlich zu Ohren gekommen, dass dort in den Synagogen Leute von Jesus predigten.

Als er in die Nähe der Stadt kam, blitzte auf einmal um ihn herum ein Licht vom Himmel auf. Saulus fiel hin. Da hörte er eine Stimme: „Saul, Saul, warum verfolgst du mich?" „Wer bist du, Herr?", fragte Saulus. „Ich bin Jesus, den du verfolgst", antwortete die Stimme. „Aber steh auf und geh in die Stadt! Dort wirst du erfahren, was du tun sollst."

Die Männer, die mit Saulus unterwegs waren, hörten zwar auch die Stimme, konnten aber niemanden sehen. Saulus stellte fest, dass er mit einem Mal erblindet war. Er musste nach Damaskus geführt werden.

Zur gleichen Zeit hatte ein Christ in Damaskus eine Erscheinung von Gott, in der ihm aufgetragen wurde, zu Saulus zu gehen und ihm über Jesus zu berichten.

Saulus beginnt zu predigen

Saulus wurde zu einem tiefgläubigen Christen und begann damit, in den Synagogen von Jesus zu predigen. Dabei war er so überzeugend, dass einige der Juden von Damaskus ihn schon töten wollten. Saulus' Freunde mussten ihn aus der Stadt herausschmuggeln – indem sie ihn in einer dunklen Nacht in einem Korb von der Stadtmauer herabließen.

Er entkam nach Jerusalem, wo die Gläubigen ihn verständlicherweise misstrauisch beäugten. Dass er schließlich akzeptiert wurde, war einem Mann namens Barnabas zu verdanken, der ihm seine Geschichte glaubte.

Mit der Zeit verbreitete sich die gute Nachricht über Jesus immer weiter. Eine aktive Gruppe von Gläubigen kam in der Stadt Antiochia zusammen.

Hier verbrachten Paulus und Barnabas ein Jahr. Dann entschied die Gemeinde, dass es Gottes Wille sei, Paulus und Barnabas auf eine Missionsreise zu schicken, um den Glauben noch weiter zu verbreiten.

Aus Saulus wird Paulus

Während er so kreuz und quer durch das römische Reich reiste, wurde Saulus immer mehr unter der römischen Form seines Namens, Paulus, bekannt. Er besuchte viele verschiedene Orte. Um mit den Gläubigen in Kontakt zu bleiben, schrieb er Briefe, in denen er sie lehrte und ermutigte. Das, was er schrieb, wurde hoch geschätzt. Seine Briefe wurden für andere Gruppen abgeschrieben, und einige von ihnen wurden in die Bibel aufgenommen.

Am Ende geriet Paulus mit den Behörden aneinander und wurde verhaftet. Da war es recht hilfreich, dass er die römische Staatsangehörigkeit besaß. So konnte er nämlich verlangen, dass sein Fall vom Kaiser persönlich entschieden wurde.

Die letzten Jahre seines Lebens verbrachte er unter Hausarrest in Rom, wo er weitere Briefe über Jesus schrieb.

Die ganze Zeit über wurde Paulus von der unerschütterlichen Überzeugung geleitet, dass Jesus von den Toten auferstanden war. Die Auferstehung Jesu war für ihn ein Zeichen für die Macht Gottes, all denen, die an ihn glauben, neues Leben zu schenken. Paulus schrieb:

Er ist unsere Weisheit – die wahre Weisheit, die von Gott kommt.
Durch ihn können wir vor Gott als gerecht bestehen. Durch ihn hat
Gott uns zu seinem heiligen Volk gemacht und von unserer Schuld befreit.

1 Korinther 1,30

✚ Die Kirche

Schon bald nannte man jede Einzelgruppe von Gläubigen eine Kirche. Mit dem Wort waren die Menschen gemeint, nicht das Gebäude. Oft wurde in den jüdischen Synagogen oder an öffentlichen Plätzen von Jesus gepredigt. Die Gläubigen trafen sich auch bei sich zu Hause.

✚ Christen

Lukas berichtet uns in der Apostelgeschichte, dass die, die an Jesus glaubten, erstmals in der Kirche von Antiochia als Christen bezeichnet wurden. Indem sie diesen Namen annehmen, bekennen Gläubige, dass für sie Jesus Gottes Messias, Gottes Christus ist (siehe Seite 6).

Diese Karten zeichnen die drei Missionsreisen des Paulus und seine letzte Reise nach Rom nach.

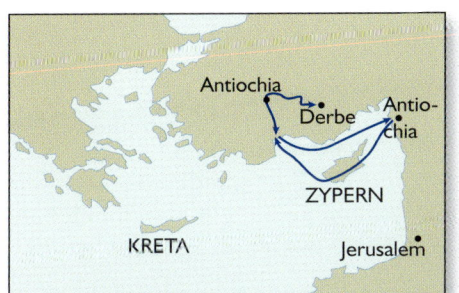

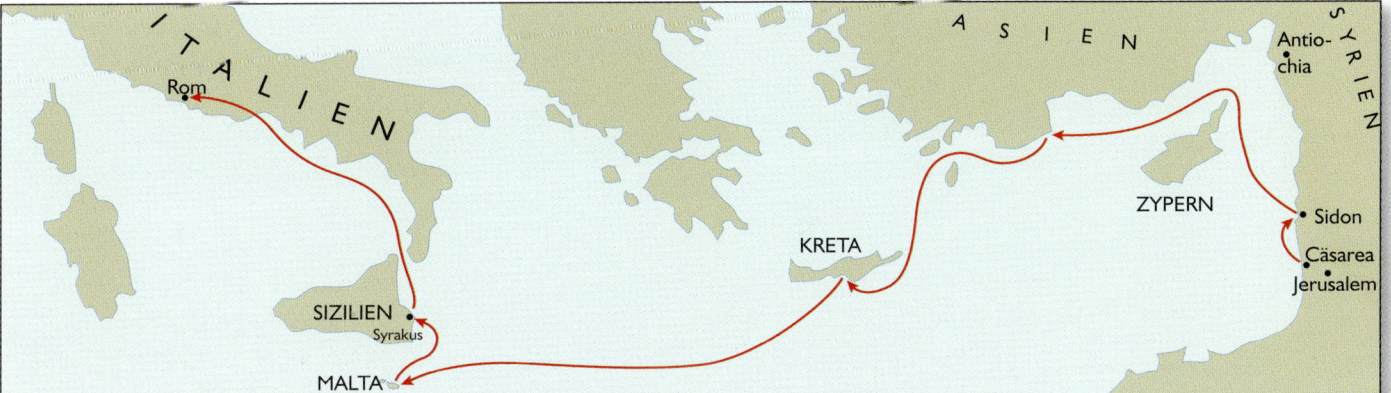

Die ersten Christen glaubten, dass Jesus eines Tages zurückkommen werde. Mit seiner Rückkehr werde eine ganz neue Welt anbrechen.

Zweifel in Thessalonich

Als die Zeit fortschritt und einige der ersten Gläubigen starben, verließ viele der Mut. In Thessalonich gab es Christen, die so sehr von Jesu Rückkehr überzeugt gewesen waren, dass sie sogar ihre Arbeit aufgegeben hatten. Doch Paulus ermahnte sie, vernünftig weiterzuleben, denn nur Gott kenne den Zeitpunkt des Endes.

Schlag nach

Warten auf Jesus:
1 Thessalonicher 5; 2 Thessalonicher 3
Hoffnung durch Verfolgung:
Offenbarung 1, 22
Himmel:
Johannes 14; Offenbarung 21 – 22
Heilige:
Offenbarung 13

Warten auf Jesus

Manche Christen erwarteten, dass Jesus schon sehr bald zurückkehren werde. Paulus schrieb Briefe an die Christen in Thessalonich mit Ratschlägen, wie sie in Erwartung dessen ihr Leben gestalten sollten.

Wir wollen Glauben und Liebe als Panzer anlegen und die Hoffnung auf Rettung als Helm.

1 Thessalonicher 5,8

Wir bitten euch weiter, liebe Brüder und Schwestern: Weist die zurecht, die ein ungeregeltes Leben führen. Ermutigt die Ängstlichen. Helft den Schwachen und habt Geduld mit allen.
Achtet darauf, dass niemand von euch Böses mit Bösem heimzahlt. Bemüht euch vielmehr stets, das Gute zu tun, im Umgang miteinander und mit allen Menschen.
Freut euch immerzu! Betet unablässig! Dankt Gott in jeder Lebenslage!

1 Thessalonicher 5,14-18

Brüder und Schwestern, werdet nicht müde, das Gute zu tun!

2 Tessalonicher 3,13

Ein Christ namens Johannes schrieb ein Buch über eine erstaunliche Vision. In dieser Vision sah er Jesus, der sieben Sterne in der Hand hielt. Dies seien sieben Kirchen, an die er Worte der Warnung und der Ermutigung schreiben solle.

Hoffnung durch Verfolgung

Doch das Leben war oftmals hart für diejenigen, die sich zum Christentum bekannten. Am Ende des ersten Jahrhunderts startete der römische Kaiser Domitian eine neue Verfolgungswelle. Er schickte einen Christen mit Namen Johannes ins Arbeitslager auf der Gefangeneninsel Patmos, weil dieser den Menschen von Jesus berichtet hatte.

Auf der Insel hatte Johannes eine Vision von Jesus:

Da erblickte ich … jemand, der aussah wie der Sohn eines Menschen. Er trug ein langes Gewand und hatte ein breites goldenes Band um die Brust. Sein Kopf und sein Haar strahlten wie weiße Wolle, ja wie Schnee. Seine Augen brannten wie Flammen. Seine Füße glänzten wie gleißendes Gold, das im Schmelzofen glüht, und seine Stimme klang wie das Tosen des Meeres. Er hielt sieben Sterne in seiner rechten Hand, und aus seinem Mund kam ein scharfes, beidseitig geschliffenes Schwert. Sein Gesicht leuchtete wie die Sonne am Mittag.

Offenbarung 1,12-16

Der Engel zeigt Johannes die himmlische Stadt.

✠ Himmel

Mit ihren Beschreibungen hat die Offenbarung eine traditionelle christliche Vorstellung vom Himmel geprägt:

Er ist eine Stadt aus Gold, umgeben von einer hohen Mauer. Jedes der zwölf Tore besteht aus einer Perle. Der Fluss mit dem Wasser des Lebens fließt durch die Stadt, und an seinen Ufern steht der Baum des Lebens. Es gibt weder Sonne, noch Mond oder Sterne, nur das Licht von Gott und von Jesus.

Der Glaube der Christen, dass sie einmal in den Himmel kommen werden, geht zurück auf folgende Worte Jesu:

„Erschreckt nicht, habt keine Angst! Vertraut auf Gott und vertraut auch auf mich!

Im Haus meines Vaters gibt es viele Wohnungen, und ich gehe jetzt hin, um dort einen Platz für euch bereitzumachen. … Und wenn ich gegangen bin und euch den Platz bereitet habe, dann werde ich zurückkommen und euch zu mir nehmen, damit auch ihr seid, wo ich bin.

Johannes 14,1-3

Eine Vision vom Himmel

Weiter beschreibt Johannes dann in seinem Buch den Himmel selbst: Er sah dort Menschen und Engel und viele eigenartige Tiere. Er sah auch ein Lamm, das auf einem Thron saß – ein Symbol für Jesus, der wie ein Opferlamm getötet worden ist.

Die rätselhaften Vorgänge waren ein Sinnbild für den Konflikt zwischen Gut und Böse. Viele empfanden sie als ermutigende Botschaft dafür, dass das römische Reich den christlichen Glauben nicht zerstören werde.

Schließlich hatte Johannes eine Vision von einem neuen Himmel und einer neuen Erde. Tod und Trauer waren besiegt, und diejenigen, die Gott liebten, beteten mit frohem Herzen zu ihm. Am Ende richtete Johannes noch eine Botschaft von Jesus aus:

Gebt Acht, ich komme bald, und euren Lohn bringe ich mit. Jeder empfängt das, was seinen Taten entspricht. Ich bin das A und das O, der Erste und der Letzte, der Anfang und das Ende.

Freuen dürfen sich alle, die ihre Kleider reinwaschen. Sie empfangen das Recht, die Frucht vom Baum des Lebens zu essen und durch die Tore in die Stadt hineinzugehen. …

Ich, Jesus, habe meinen Engel gesandt, um euch, den Propheten, zuverlässig mitzuteilen, was auf die Gemeinden zukommt. Ich bin der Wurzelspross und Nachkomme Davids. Ich bin der leuchtende Morgenstern.“

Mit diesem Buch des Johannes, der Offenbarung, endet die Bibel. Es schließt mit den Worten:

„Ganz gewiss, ich komme bald!“
Amen, komm, Herr Jesus!
Die Gnade unseres Herrn Jesus sei mit allen!

Offenbarung 22,12-16.20-21

✠ Heilige

In einigen älteren Übersetzungen der Bibel werden die Menschen, die an Jesus glauben, als Heilige bezeichnet. Damit ist gemeint, dass sie wirklich und wahrhaftig Gottes Volk sind.

In manchen kirchlichen Traditionen ist die Bezeichnung „Heiliger“ solchen Menschen vorbehalten, die mit ihrem Leben ein Vorbild im Glauben waren und die nachweislich mit einem Wunder in Verbindung gebracht werden können.

Einer der beliebtesten Heiligen des Christentums ist Franz von Assisi. Er hat sein Leben in Armut und Bescheidenheit ganz nach den Worten Jesu ausgerichtet.

Schlag nach

Die Grundlagen des Glaubens:
Genesis 1; Psalm 33; Johannes 3; Matthäus 26; Markus 14; Lukas 22; Apostelgeschichte 10; 1 Korinther 15

✝ Ichthys

Ichthys ist das griechische Wort für Fisch. Der Fisch war ein Geheimsymbol der Christen, die unter der römischen Herrschaft verfolgt wurden. Die einzelnen Buchstaben erinnern die Menschen an Jesus und ihren Glauben an ihn.

IESOUS	Jesus
CHRISTOS	Christus
THEOU	Gottes
HUIOS	Sohn
SOTER	Retter

Chi-Rho

Das Symbol, das sich Kaiser Konstantin zu eigen machte, war das Chi-Rho: zwei Buchstaben des griechischen Alphabets und die Anfangsbuchstaben des Wortes „Christus". Das Chi-Rho kann man oft als Zeichen in Kirchen sehen. Es sieht dann so aus.

Als die Jahre vergingen, wurden die Menschen, die Jesus persönlich gekannt hatten, immer älter und starben schließlich. Trotzdem wuchs die Zahl der Christen immer weiter, und das, obwohl die römischen Herrscher ihnen zutiefst misstrauten und sie immer wieder verfolgten.

Jesus und der Kaiser

Es war das Jahr 312. Der römische Kaiser Konstantin bereitete gerade eine Schlacht vor. Da sah er am Tag, bevor seine Armeen in den Kampf ziehen sollten, am Himmel eine Erscheinung: das Kreuzsymbol, das die Christen benutzten. Darum herum waren die lateinische Worte *In hoc signo vinces* geschrieben: „In diesem Zeichen wirst du siegen."

In dieser Nacht erschien Jesus dem Konstantin im Traum und trug ihm auf, das Zeichen zu seinem Zeichen zu machen. Am folgenden Tag siegte Konstantin in der Schlacht. Er machte das Christentum in seinem Reich zur Staatsreligion. Auch wenn es höchst unwahrscheinlich erscheint, dass Jesus jemals einen Menschen gezwungen haben sollte, sich zu ihm zu bekennen, so bewirkte die Entscheidung des Konstantin, dass sich der Glaube leichter verbreiten konnte.

Ost und West

Schon seit frühester Zeit hatte es in zwei Städten bedeutende Kirchen gegeben: in Rom, dem Mittelpunkt des römischen Reiches, und in Konstantinopel, weiter östlich. Im Laufe der Jahre entwickelten die beiden Kirchen unterschiedliche Formen der Gottesverehrung, und im elften Jahrhundert trennten sie sich. Die Kirche im Westen wurde als die römisch-katholische Kirche bekannt und die im Osten als die orthodoxe Kirche. „Katholisch" kommt von dem griechischen Wort für „weltumspannend", und „orthodox" bedeutet „richtiger Glaube" oder „wahre Lehre".

Katholiken und Protestanten

Während des gesamten Mittelalters hatte die römisch-katholische Kirche in Europa großen Wohlstand und Macht. Zwar gab es noch immer viele aufrichtige Christen, die sich bemühten, so zu leben, wie Jesus es gelehrt hatte, doch die, die das Sagen hatten, machten den Eindruck, als wären sie korrupt. Im sechzehnten Jahrhundert soll ein Mönch mit Namen Martin Luther öffentlich eine Liste mit Fragen an die Tür der Schlosskirche zu Wittenberg genagelt haben, über die er mit der Leitung der Kirche diskutieren wollte. Dabei ging es um die Unterschiede zwischen dem, was die Kirche tat, und dem, was in der Bibel stand. Es entwickelte sich ein erbitterter Streit, und Luther wurde 1521 aus der Kirche ausgeschlossen.

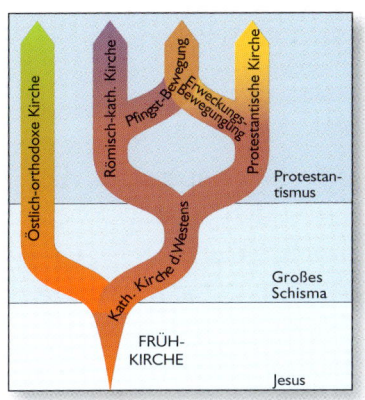

Dieses Schaubild zeigt die wesentlichen Zweige der christlichen Kirche und ihre Entwicklung.

Dies war ein Wendepunkt: Es entstand eine Bewegung innerhalb der Christen, die unbedingt selbst die Bibel lesen und ihre Bedeutung entschlüsseln wollte. Sie wurde bekannt unter dem Namen Protestanten. Es bildeten sich unter den Protestanten viele weitere Gruppen aus, darunter die Baptisten und die Presbyterianer.

Erweckungs- und Pfingstbewegung

1906 hatten Mitglieder einer protestantischen Kirche in Los Angeles ein ähnliches Erlebnis wie die Jünger am Pfingsttag: Sie fühlten sich vom Heiligen Geist erfüllt und redeten in fremden Sprachen. Einige stellten fest, dass sie „im Namen Jesu" Menschen gesund machen konnten. Bald schon bildeten sich überall Pfingstgruppen. Seitdem hat die Pfingstbewegung auch viele andere Teile der Kirche beeinflusst.

Eine Kirche, ein Herr, ein Glaube

Seit Jesus vor etwa zweitausend Jahren auf der Erde lebte, hat sich der Glaube an ihn auf der ganzen Welt ausgebreitet. Christen aus all den unterschiedlichen Richtungen der Kirche haben sich zu ihrem Glauben bekannt und viel Gutes getan, damit mehr Frieden und Gerechtigkeit herrschen. Leider haben sich die Christen auch oft untereinander gestritten, zum Beispiel darüber, wie man am besten eine Kirche organisiert, oder welche Glaubenslehren die bedeutendsten sind. Trotzdem sind sich alle Christen einig, dass Jesus den Mittelpunkt des Glaubens bildet − dass seine Lehren und sein Beispiel von den Gläubigen befolgt werden sollten, und dass sein Tod und seine Auferstehung es allen Menschen möglich machen, zu Gottes Volk zu gehören.

Schlag nach

Eine wachsende Kirche:
Matthäus 28; Johannes 10

Glaube und Gottesdienst:
Hebräer 10

✝ Christliche Kultur

Schon sehr früh besaß das Christentum in Europa viel Einfluss. Dieser Einfluss breitete sich auch auf die Orte auf fremden Kontinenten aus, an denen europäische Auswanderer eine neue Heimat fanden. Überall gibt es Spuren christlicher Kultur, sogar bei vielen Menschen, die behaupten, sie wären nicht religiös. Weihnachten zum Beispiel ist eines der wichtigsten Feste des Jahres, und zwischen all dem Glitzer und Rauschgold und dem Geschenkeboom wird die Geschichte der Geburt Jesu immer wieder neu erzählt. Auch wählen die Leute immer noch Kirchen als Ort für ihre Hochzeit, und viele wenden sich an die Kirche, wenn sie nach dem Verlust eines lieben Menschen Trost und neue Hoffnung suchen.

Jesus von Nazaret lebte und starb vor zweitausend Jahren. Er wurde in eine ganz normale Arbeiterfamilie hineingeboren, im hintersten Winkel des römischen Reiches. Heute ist sein Name auf der ganzen Welt bekannter als der sämtlicher römischer Kaiser.

Eine wachsende Kirche

Jeder dritte Mensch auf der Welt bezeichnet sich selbst als Christ. In einigen Ländern, darunter die, in denen das Christentum schon seit Hunderten von Jahren die Hauptreligion ist, ist eine Entwicklung eingetreten, dass immer weniger Menschen zur Kirche gehen. In vielen anderen Teilen der Welt dagegen wächst die Zahl der Gläubigen immer noch stark an, die Gottesdienste sind besser besucht als jemals zuvor. Es hat ganz den Anschein, als habe das Christentum gerade in den Gebieten eine besondere Anziehungskraft, wo Armut und Ungerechtigkeit herrschen.

Frieden und Gerechtigkeit

Das Leben Jesu und das, was er gesagt hat, bewegen immer noch Millionen von Menschen dazu, sich für Frieden und Gerechtigkeit einzusetzen. Viele christliche Organisationen haben es sich zur Aufgabe gemacht, Armut zu lindern, in Katastrophengebieten zu helfen und denen, die unterdrückt werden, ihre Solidarität zu zeigen. Auch in weltlichen Gruppierungen, die diese Ziele verfolgen, arbeiten viele Christen mit. Christen − die an die

Jesus hat für die Kinder einen besonderen Platz im Reich Gottes vorgesehen. Dieses kleine Mädchen betet zu ihm.

Jesu Tod am Kreuz bildet die Grundlage des christlichen Glaubens. Hier wird in der Kirche von Melanesien in Tagabe, am Stadtrand von Port Vila, Vanuatu (einem Inselstaat in der Nähe von Australien), symbolisch ein Kreuz mit in den Gottesdienst getragen. Ein solches Ritual gibt es in vielen Kirchen überall auf der Welt.

Auferstehung Jesu von seinem Tod als Verbrecher glauben – vertrauen auf die Macht Gottes, alles zu überwinden, was böse und zerstörerisch ist, und ewiges Leben zu schenken.

Glaube und Gottesdienst

Überall auf der Welt kommen in den vielen verschiedenen Gruppierungen der christlichen Kirche Gläubige zusammen, um miteinander zu lernen und miteinander Gottesdienst zu halten. Die einen versammeln sich in glanzvollen Kathedralen, andere zwischen den Müllhaufen von Slums. Wie ihre Lage auch sein mag, sie lernen von Jesus, dass sie sich nicht so sehr um weltlichen Besitz sorgen sollen, sondern vielmehr um die Dinge, die zum ewigen Leben in Gottes Reich führen.

Zeugnis für Jesus

Die letzten Worte, die Jesus zu seinen Jüngern gesagt hat, nehmen Christen sehr ernst. Sie setzen sich für ihren Glauben ein und teilen ihn gerne mit anderen, und zwar in Wort und Tat. Sie sprechen oft von einem Gefühl des Friedens und von Zielbewusstsein, die ihnen aus ihrem Glauben und ihrer Hoffnung auf ewiges Leben erwachsen.

Jesus hat sich einmal als „das Licht für die Welt" bezeichnet. Bei dieser Osterfeier halten Kinder vor der Verkündigungskirche in Tirana, Albanien, Kerzen in der Hand, als Zeichen der Hoffnung, die ihr Glaube ihnen schenkt.

Viele Christen sagen, ihr Glaube macht sie froh. Oft wird in Gottesdiensten fröhlich gesungen – so wie von diesem Chor in Äthiopien in der Dreifaltigkeitskathedrale in Addis Abeba.

Messfeier in einem orthodoxen Frauenkloster in der Nähe von Moskau, Russland. Der Gottesdienst orthodoxer Christen ist voller Zeremonien, die das Geheimnisvolle des Glaubens und die Heiligkeit Gottes betonen.

Eine Welt mit vielen Glaubensrichtungen

Von Jesus ist überliefert, dass er sich als einzigen Weg zu Gott bezeichnet hat, und auch Christen erklären immer, dass ihr Glaube einzigartig sei. Dennoch gibt es in der heutigen Welt, in der die modernen Massenkommunikationsmittel und die Reisemöglichkeiten Menschen aus verschiedenen Kulturen zusammenführen, in hohem Maße gegenseitige Achtung und Verständnis zwischen den verschiedenen Religionen.

Das Christentum hat seine Wurzeln im jüdischen Glauben – Jesus war ja selbst ein Jude und hat die heiligen Schriften seines Volkes sehr geschätzt, so wie es die Christen auch heute noch tun. Der größte Prophet des Islam, Mohammed, lehrte und predigte auf der Grundlage jüdischer und christlicher Einflüsse. Jesus wird im Islam sogar als Prophet angesehen und ist dort unter dem Namen Isa bekannt.

Die wichtigsten östlichen Religionen – Hinduismus, Buddhismus und Sikhismus – haben alle Gemeinsamkeiten mit dem Christentum. So zum Beispiel die Verpflichtung zu einem guten und gerechten Leben.

Register

Wichtige Ereignisse im Leben Jesu

	Matthäus	Markus	Lukas	Johannes
Ankündigung der Geburt Jesu	1,18-24		1,26-38	
Ankündigung der Geburt Johannes' des Täufers			1,5-23	
Auferstehung und Auferstehungs-Erscheinungen	28,1-15	16,1-8.9-14	24,1-49	20,1−21,23
Berufung der Jünger Andreas, Simon, Jakobus, Johannes	4,18-22	1,16-20	5,1-11	
Berufung des Matthäus (Levi)	9,9-13	2,13-17	5,27-32	
Besuch der Hirten			2,8-20	
Besuch der Weisen	2,1-12			
Das Kind Jesus im Tempel			2,41-50	
Der Verrat des Judas und die Verschwörung der Oberen	26,1-5.14-16	14,1-2.10-11	20,19; 22,1-6	11,45-57
Die Begegnung mit der Frau aus Samarien				4,1-42
Die Begegnung mit Nikodemus				3,1-21
Die Bergpredigt	5,1−7,28		6,20-49	
Die Botschaft Johannes' des Täufers	3,1-12	1,1-8	3,1-18	1,19-28
Die Taufe Jesu	3,13-17	1,9-11	3,21-22	1,29-34
Die Verklärung Jesu	17,1-13	9,2-13	9,28-36	
Die Versuchung Jesu	4,1-11	1,12-13	4,1-13	
Flucht nach Ägypten und Rückkehr nach Nazaret	2,13-23			
Geburt Jesu	1,25		2,1-39	
Geburt Johannes' des Täufers			1,57-79	
Jesus begegnet Zachäus in Jericho			19,1-10	
Jesus bei Marta und Maria			10,38-42	
Jesus in Getsemani	26,36-46	14,32-42	22,39-46	
Jesus kehrt in den Himmel zurück		16,19-20	24,50-53	
Jesus kündigt seinen Tod an	16,21-28	8,31−9,1	9,22-27	
Jesus sucht zwölf Jünger aus	10,2-4	3,13-19	6,12-16	
Jesus und Lazarus				11,1-44
Jesus und Pilatus	27,2-30	15,1-19	23,1-25	18,28−19,15
Jesus unter Anklage	26,57−27,1	14,53−15,1	22,54-71	18,13-24
Jesus wird gekreuzigt und begraben	27,31-66	15,20-47	23,26-56	19,16-42
Jesus wird in Nazaret abgelehnt			4,16-30	
Jesus wird verhaftet	26,47-56	14,43-52	22,47-53	18,2-12
Maria, die Mutter Jesu, besucht Elisabet			1,39-56	
Palmsonntag	21,1-11	11,1-11	19,28-44	12,12-16
Passamahl/letztes Abendmahl	26,17-29	14,12-25	22,7-38	13,1-20
Petrus spricht aus, wer Jesus ist	16,13-20	8,27-30	9,18-21	
Petrus verleugnet Jesus	26,69-75	14,66-71	22,54-62	18,15.25-27
Tod Johannes' des Täufers	14,1-12	6,14-29	9,7-9	

Die Gleichnisse Jesu

Die in diesem Buch enthaltenen Gleichnisse sind fett gedruckt. Im Johannesevangelium gibt es keinen Gleichnisse.

	Matthäus	Markus	Lukas
Altes Kleid mit neuem Stoff geflickt	9,16	2,21	5,36
Auf die Kosten achten			14,28-33
Auf Fels und Sand gebaute Häuser	7,24-27	6,47-49	
Das große Festessen und die unwilligen Gäste			14,16-24
Das große Festmahl	22,2-14		14,16-24
Das Netz	13,47-50		
Das Senfkorn	13,31-32	4,30-32	13,18-19
Das Unkraut im Weizen	13,24-30.36-43		
Das verlorene Geldstück			15,8-10
Das verlorene Schaf	18,12-14		15,4-7
Das Wachsen der Saat		4,26-29	
Der Feigenbaum	24,32-33	13,28-29	21,29-31
Der Freund in der Not			11,5-10
Der Geldverleiher und die Schuldner			7,41-50
Der gute Samariter			10,30-37
Der hartherzige Diener	18,23-25		
Der kluge Verwalter			12,42-48
Der Pharisäer und der Zolleinnehmer			18,10-14
Der reiche Mann und Lazarus			16,19-31
Der reiche Narr			12,16-21
Der Samann und die verschiedenen Böden	13,3-9.18-23	4,3-8.13-20	8,5-8.11-15
Der Sauerteig	13,33		13,20-21
Der unfruchtbare Feigenbaum			13,6-9
Der untreue Verwalter			16,1-8
Der verlorene Sohn			15,11-32
Der versteckte Schatz	13,44		
Die Arbeiter im Weinberg	20,1-16		
Die beharrliche Witwe und der ungerechte Richter			18,2-8
Die beiden Söhne	21,28-32		
Die Ehrenplätze beim Festmahl			14,7-14
Die Lampe unter der Schüssel	5,14-16	4,21-22	8,16; 11,33
Die Pächter des Weinbergs	21,33-44	12,1-9	20,9-16
Die Schafe und die Ziegen	25,31-46		
Die Talente (Matthäus); Pfunde (Lukas)	25,14-30		19,12-27
Die wachsamen Diener			12,35-40
Die wertvolle Perle	13,45-46		
Die zehn Jungfrauen	25,1-13		
Herr und Diener			17,7-10
Neuer Wein in alten Schläuchen	9,17	2,22	5,37-38

# Die Wunder Jesu

	Matthäus	Markus	Lukas	Johannes
Heilungswunder				
Bartimäus und der andere blinde Mann	20,29-34	10,46-52	18,35-43	
Das Ohr des Dieners des Obersten Priesters			22,50-51	
Der 'besessene' Mann		1,23-26	4,33-35	
Der Besessene	8,28-34	5,1-15	8,27-35	
Der blind geborene Mann				9,1-12
Der Blinde in Betsaida		8,22-26		
Der Diener des Hauptmanns	8,5-13		7,1-10	
Der epileptische Junge	17,14-18	9,17-29	9,38-43	
Der Gelähmte	9,2-7	2,3-12	5,18-25	
Der Kranke am Teich Betesda				5,1-9
Der Mann mit der gelähmten Hand	12,10-13	3,1-5	6,6-10	
Der Mann mit Wassersucht			14,1-4	
Der Sohn des königlichen Beamten in Kafarnaum				4,46-53
Der stumme und besessene Mann	9,32-33			
Der stumme, blinde und 'besessene' Mann	12,22			
Der Taubstumme		7,31-37		
Die beiden Blinden	9,27-31			
Die Frau mit den Blutungen	9,20-22	5,25-34	8,43-48	
Die Schwiegermutter von Simon Petrus	8,14-15	1,30-31	4,38-39	
Die Tochter der kanaanitischen Frau	15,21-28	7,24-30		
Die verkrümmte Frau			13,11-13	
Lepra	8,2-4	1,40-44	5,12-14	
Zehn Leprakranke			17,11-19	
Macht über die Naturkräfte				
Der Sturm auf dem See	8,23-27	4,37-41	8,22-25	
Der verdorrte Feigenbaum	21,18-22	11,12-14.20-26		
Die Münze im Maul des Fisches	17,24-27			
Die Speisung von fünftausend Menschen	14,15-21	6,35-44	9,12-17	6,5-13
Die Speisung von viertausend Menschen	15,32-38	8,1-9		
Die Verwandlung von Wasser zu Wein				2,1-11
Fischfang			5,1-11	
Jesus geht auf dem Wasser	14,25-31	6,48-51		6,19-21
Noch ein Fischfang			21,1-11	
Wiederbelebung von Toten				
Der Sohn der Witwe in Nain			7,11-15	
Jairus' Tochter	9,18-19.23-25	5,22-24.38-43	8,41-42.49-56	
Lazarus				11,1-44